高等职业教育电子商务类专业系列教材

视觉营销设计技术

主　编　王海青
副主编　冯　磊　王　萍
参　编　寇　静　石慧霞

机械工业出版社
CHINA MACHINE PRESS

在互联网背景下，网络成为越来越多产品的宣传和销售渠道。视觉营销就是通过图片、文字和色彩的设计达到营销目的的一种方式。本书包含九个项目，分别是摄影中的视角与构图、摄影中的色彩运用、商品拍摄实战、图像基本操作、工具箱的使用、图像调整技术、通道与蒙版的应用、网店设计与装修，以及电子商务技能竞赛"网店开设与装修赛项"实践。

本书结合编者多年的教学经验，根据学生掌握知识的特性编写而成，贴合教学实际，并以"项目—任务"的方式进行编排，通过项目导读融入职业素养，通过一个个任务学习相关知识和操作技能。另外，结合国赛——电子商务技能竞赛中的"网店开设与装修赛项"，实现了课赛融通。

本书可以作为电子商务类专业学生学习的专业教材，也可以作为电子商务从业者的入门级教材。

图书在版编目（CIP）数据

视觉营销设计技术/王海青主编. —北京：机械工业出版社，2022.12（2025.1重印）
高等职业教育电子商务类专业系列教材
ISBN 978-7-111-72408-7

Ⅰ.①视… Ⅱ.①王… Ⅲ.①网络营销-高等职业教育-教材 Ⅳ.①F713.365.2

中国国家版本馆CIP数据核字（2023）第010707号

机械工业出版社（北京市百万庄大街22号　邮政编码100037）
策划编辑：乔　晨　　　　　责任编辑：乔　晨　张美杰
责任校对：梁　园　梁　静　　封面设计：鞠　杨
责任印制：单爱军
北京虎彩文化传播有限公司印刷
2025年1月第1版第2次印刷
184mm×260mm・14.25印张・375千字
标准书号：ISBN 978-7-111-72408-7
定价：55.00元

电话服务　　　　　　　　　　网络服务
客服电话：010-88361066　　　机　工　官　网：www.cmpbook.com
　　　　　010-88379833　　　机　工　官　博：weibo.com/cmp1952
　　　　　010-68326294　　　金　书　网：www.golden-book.com
封底无防伪标均为盗版　　机工教育服务网：www.cmpedu.com

Preface 前言

《国家职业教育改革实施方案》提出了"教师、教材、教法"改革的任务。"三教"改革中，教师是根本，教材是基础，教法是途径。其目的是提升学生的综合职业能力，培养适应行业企业需求的复合型、创新型高素质技术技能人才，这也是高职院校"双高计划"建设中"打造技术技能人才培养高地"的首要任务。

在互联网背景下，越来越多的消费者通过视觉方式查看产品详细情况，并做出购买决策，以视觉营销为载体的多途径内容运营已成为电商运营的主流。视觉营销设计是高等职业院校电子商务类专业的核心课程之一，掌握视觉营销设计技术可以提升网店的竞争力，提高店铺运营、网店美工的营销能力，促进自我和团队的发展。

为了更好地满足高等职业院校的教学需求，本书在内容上打破知识本位的束缚，突出了应用性与实践性；进一步完善了教材形态，对经典的纸质教材，加入了数字化教学资源元素；以"项目—任务"编排为主，在仿真任务中进行教学，实现"做中学、学中做、边做边学、边学边做"。党的二十大报告指出，培养造就大批德才兼备的高素质人才，是国家和民族长远发展大计。为全面贯彻党的教育方针，落实立德树人根本任务，本书还在项目导读中融入职业素养，以培养德智体美劳全面发展的社会主义建设者和接班人。

本书共有九个项目，每个项目设计多个任务，结合理论知识的同时突出本书的操作属性。项目一介绍了摄影过程中的视角和构图技术，使学生熟悉拍摄角度的变化以及怎样通过构图增加视觉信息量；项目二介绍了各种色彩的特点以及在商品拍摄中的应用；项目三通过不同类型商品拍摄实战的介绍，使学习者掌握根据商品的特点运用不同的布光方式和角度来表现商品的方法；项目四到项目七介绍了用Photoshop软件处理图片的理论知识和操作技能，其中项目四介绍了图片的基本操作技能，项目五主要介绍了工具箱中各个工具的使用方法和操作方法，项目六介绍了怎样调整图片色彩和应用滤镜技术，项目七主要介绍了通道和蒙版的相关理论和操作方法；项目八介绍了网店设计与装修的理论知识和相关操作方法；项目九从课赛融通的角度出发，介绍了电子商务技能竞赛"网店开设与装修赛项"，并以任务的方式进行了实践演练。

本书可作为电子商务专业的核心课教材，建议在完成营销学的基础上学习本课程，之后可进行"网店美工""电子商务运营"等课程的学习。

本书由王海青主编，冯磊、王萍担任副主编，寇静、石慧霞参编。其中项目一至项目三由冯磊编写，项目四至项目七由王海青编写，项目八和项目九由王萍编写。石慧霞、寇静参与了其中任务实现部分的编写。感谢对本书给予支持和帮助的魏丽、许亚娣、袁雨萌、孔胜南、闫春婧、赵佳星、邓雨婷等几位同学。

本书在编写过程中力求全面、深入地介绍视觉营销设计的相关技术，但由于编者水平有限，难免有不足之处，希望广大读者给予批评指正。

本书配有电子课件等教师用配套教学资源，凡使用本书的教师均可登录机械工业出版社教育服务网www.cmpedu.com下载。咨询可致电：010-88379375，服务QQ：945379158。

编　者

二维码索引

序号	名称	二维码	页码	序号	名称	二维码	页码
1	摄影中的视角与构图		4	7	通道		137
2	三原色		8	8	商品详情页制作要点		149
3	商品拍摄实战		16	9	优化商品图片		199
4	矢量图和位图的区别		26	10	商品详情页制作要点——FAB法则		213
5	路径工具		78	11	商品详情页制作要点——IIC法则		213
6	图像调整工具——曲线		95				

目录 Contents

前言

二维码索引

项目一　摄影中的视角与构图 1
任务一　摄影视角练习 4
任务二　摄影构图练习 5

项目二　摄影中的色彩运用 7
任务一　常见色彩物品摄影练习（一）............................. 10
任务二　常见色彩物品摄影练习（二）............................. 13

项目三　商品拍摄实战 15
任务一　对化妆品类商品进行拍摄 16
任务二　对皮鞋类商品进行拍摄 17
任务三　对服装类商品进行拍摄 19
任务四　对珠宝首饰类商品进行拍摄 21
任务五　对食品类商品进行拍摄 23

项目四　图像基本操作 25
任务一　通过调整图像尺寸及裁切，呈现照片精华部分 28
任务二　利用填充和描边制作绿叶 32
任务三　利用旋转制作礼盒倒影 34
任务四　利用透视裁剪矫正倾斜和透视变形的照片 38
任务五　利用动作面板给图像加文字 39
任务六　利用图层制作四格漫画 44
任务七　利用图层混合模式调出不同的图像效果 47

项目五　工具箱的使用 52
任务一　利用椭圆选框工具制作奥迪标志 53
任务二　通过调整图像曲线突出怒放的睡莲 57
任务三　利用磁性套索工具制作傍晚火烧云效果 59
任务四　利用画笔工具修复图片 62

任务五　利用画笔工具和橡皮擦工具制作风景插画 65
任务六　利用图章工具打造节日气氛 70
任务七　利用渐变工具制作雨后彩虹 72
任务八　利用模糊和减淡工具调整装饰画 75
任务九　利用路径工具实现邮票效果 78
任务十　利用文字工具制作商品标签 81
任务十一　利用几何图形工具绘制儿童插画背景 85

项目六　图像调整技术 92

任务一　调整偏色照片 93
任务二　修复曝光不足和曝光过度的图像 95
任务三　快速改变图片色彩 98
任务四　调出清淡的阿宝色调 100
任务五　调出彩色图像的黑白效果 104
任务六　制作图像底片效果 106
任务七　修复广角镜头拍摄的镜头畸变 108
任务八　制作油画效果 110
任务九　制作瘦身效果 113
任务十　制作彩色旋风特效 115
任务十一　制作水波纹特效 126

项目七　通道与蒙版的应用 136

任务一　使用通道抠图 137
任务二　使用蒙版拼接图片 141

项目八　网店设计与装修 148

任务一　绘制"摄影时光"网店首页和商品详情页 149
任务二　设计"魔法美妆学院"网店首页 180

项目九　电子商务技能竞赛"网店开设与装修赛项"实践 194

任务一　了解竞赛内容和评分标准 195
任务二　绘制"玩具赛卷"网店Logo与主图 197
任务三　绘制"运动及娱乐赛卷"网店Banner 203
任务四　绘制"珠宝饰品赛卷"商品详情页 209

参考文献 219

Project 1

项目一
摄影中的视角与构图

项目导读

通过本项目的学习,学生可以掌握摄影构图概念、目的和原则;熟悉拍摄角度变化带来的一系列画面和视觉效果的变化,以及这种变化给观众视觉心理带来的影响;学会利用经典构图方法,良好地揭示和表现主题内容,增加画面的视觉信息量。

习近平总书记指出:"要运用新媒体新技术使工作活起来,推动思想政治工作传统优势同信息技术高度融合,增强时代感和吸引力。"摄影课要落实立德树人根本任务,要在学生的心里埋下真善美的种子,通过图片的形式向人们传达内在思想。图片具有直观性,能使读者更容易产生心灵上的共鸣。通过本项目的学习,不仅能陶冶学生追求美的心灵,提高学生审美能力,更能培养学生高尚的情操、健康的心理素质。

知识目标

◎ 理解摄影中视角的概念。
◎ 理解摄影构图的概念。

能力目标

◎ 能够灵活运用各种摄影视角进行拍摄。
◎ 能够根据被摄物体的特点选择合适的构图方式。

基本概念

一、摄影视角

摄影中，视角的设计非常重要，不同的视角可以使商品的质感和形态产生不同的效果，具有不同的表现功能。拍摄时一定要准确把握商品特征，选择合适的视角进行拍摄。

常用的摄影视角主要有平拍、仰拍和俯拍三种。

1. 平拍

平拍即平视拍摄，用相机从物品的正前方进行拍摄，从而形成一种平视的拍摄角度。平拍是我们日常生活中最常见的视角角度，采用这种方式拍摄，被摄主体不易发生变形，给人一种自然、稳定、均衡、平等、和谐的感觉，如图1-1所示。

平拍拍摄出的人像、物品、建筑都非常对称，但是它的缺点是缺乏立体感，比较呆板，画面中主体不够突出，因此在拍摄时要注意将要表现的拍摄主体放在醒目的位置。

图 1-1　平拍视角

2. 仰拍

仰拍即仰视拍摄，是指拍摄时镜头的位置低于被拍摄主体的位置，从而形成一种从下向上看的拍摄视角，使物品显得高大与修长。由于透视关系，仰拍使画面中水平线降低，前景和后景中的物体在高度上的对比因之发生变化，使处于前景的物体被突出、被夸大，从而获得特殊的艺术氛围，如图1-2所示。

图 1-2　仰拍视角

3. 俯拍

与仰拍相反，俯拍是相机由高处向下拍摄，给人以低头俯视的感觉。俯拍镜头视野开阔，画面中的水平线升高，从而有力地表现出商品的立体感，还可以表现画面中的景物层次、主体位置、数量等关系，而且能够给人一种辽阔、深远、宏伟、综观全局的感觉，增强了空间深度，如图1-3所示。

图 1-3　俯拍视角

二、摄影构图

摄影构图是运用相机镜头的成像特征和摄影造型手段，根据主题思想的要求，组成一定的画面，使被摄物品比现实中更富有表现力和艺术感染力，更充分、更好地揭示一定的内容。照片画面上的布局、结构并无定法，是人们通过对成功摄影作品归纳总结出来的一套实践经验。

商品摄影中的构图尤其重要，需要在画面中直观生动表现出物品的材质、颜色、形状等特点，并尽可能符合买家的审美习惯，增加买家的购买欲。

商品摄影中常用的构图方式主要有横式构图、竖式构图、对角线构图、对称式构图及井字构图等。

1. 横式构图

横式构图很适合人眼的视觉习惯，是用得最多、看上去最自然的一种构图形式。横式构图适合拍摄大场景、视野宽广的画面。用于商品拍摄中时，一般是将被摄物品一字排开进行拍摄，如图1-4所示。在拍摄多个同一系列形态一样、大小不一致，或者形态一样、颜色不一样的物品时常常采用横式构图，这样除了使画面显得平稳、开阔和宁静，还会带来一种音律感的美。

图1-4　横式构图

2. 竖式构图

竖式构图一般是将被摄物品竖向摆放进行拍摄。使用竖式构图拍出来的照片立体感更强，更适合拍摄那些具备高大感、线条感，或者外观修长的商品，可以显示出商品挺拔修长的质感，如图1-5所示。

图1-5　竖式构图

3. 对角线构图

对角线构图指的是将被摄物品斜向摆放，安排在画面的对角线上，这样可以很好地利用画面对角线的长度，同时也能够使主体和陪体产生一定的关系，使画面富有动感，如图1-6所示。对角线构图容易产生线条的汇聚趋势，吸引人的视线，突出主体。

图1-6　对角线构图

4. 对称式构图

对称式构图是指将所拍摄物品置于画面正中垂线两侧、正中水平线上下或者对角线两侧，两部分对等或大致对等，从而使画面布局平衡、结构规矩，具有趣味性等特色，如图1-7所示。对称式构图不可机械地单纯对等，而必须生动，在对等之中有所变化，或者蕴含趣味性、装饰性，否则就会流于平淡乏味。

图1-7　对称式构图

5. 井字构图

初学摄影者经常将被摄主体放在画面正中央，使得画面平淡、呆板。有经验的摄影师常采用井字构图的方式进行构图。井字构图（又称为九宫格构图）是将画面的长、宽分成三等分，于是在画面中便有了四个交汇点。这四个交汇点接近画面的黄金分割点，在构图时，可以根据场景中的具体情况，将拍摄对象放在这四个交汇点中的一点，这样同样符合美学比例的概念，也会让拍摄对象成为画面中的焦点，如图1-8所示。利用井字构图可以让画面看上去更和谐、更活泼，因此一直以来被广泛应用。

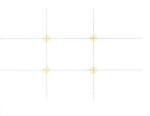

图1-8　井字构图

任务一　摄影视角练习

任务描述

分别以平拍、仰拍、俯拍的摄影视角进行拍摄练习。
被摄物品：箱包、花瓶、化妆品、建筑物等。
要求：掌握各种视角表达的注意事项。

摄影中的视角与构图

理论知识

一、平拍视角拍摄注意事项

1. 保持相机和被摄物品水平

平拍是我们在日常生活中最常接触的视觉角度，在拍摄时要保持相机和被摄物品在同一水平面上。

2. 避免主体不突出

平拍经常导致进入画面的元素较多，很容易造成被摄物品不突出的问题，因此应将被摄物品安排在画面最引人注目的位置，比如黄金分割点附近。

3. 选择吸引人的主体

平拍的画面容易过于平淡，为了避免出现此问题，可以通过背景环境的布置或依靠道具增加画面的层次感，从而增加画面的吸引力。

二、仰拍视角拍摄注意事项

1. 尽量降低相机的位置

采用仰拍视角进行拍摄，相机的位置要低于被摄物品，从而形成由下到上的拍摄角度。尤其拍摄一些矮小的主体，可以弯下腰或是蹲下拍摄，以期得到满意的画面效果。

2. 灵活调整仰视角度

仰拍视角会使被摄物品形成下宽上窄的变形效果，当仰视拍摄的角度越大时，这种变形效果越明显，带给画面的视觉冲击也就越强。

三、俯拍视角拍摄注意事项

1. 选择制高点

采用俯拍视角拍摄时，应找到一个较高的位置拍摄被摄物品，从而形成由上到下的拍摄角度，使俯拍游刃有余。

2. 画面整体要有吸引力

俯拍时，进入画面的元素比较多，应注意使被摄物品作为画面表现的主体，尽量避免杂乱的事物影响画面。

任务实现

平拍视角拍摄时，可以通过背景环境的布置增加画面的层次感、吸引力，如图1-9所示。

仰拍视角经常被用来拍摄高大建筑物，这种角度会产生主体下宽上窄的变形效果。特别是在使用广角镜头后，这种变形更加明显，很多拍摄者正是利用这种夸张的变形来增强画面的视觉冲击力，如图1-10所示。

在电子商务视觉营销中，俯拍视角也经常被采用，可以呈现出视觉冲击力较强的画面效果。如图1-11和图1-12所示。

图1-9　平拍时增加背景环境布置　　图1-10　利用仰拍视角拍摄高大建筑物　　图1-11　利用俯拍视角拍摄商品1　　图1-12　利用俯拍视角拍摄商品2

技能训练

摄影视角练习

被摄物品：选择2～3种物品进行摄影视角练习。

要求：分别以平拍、俯拍、仰拍的摄影视角进行拍摄练习，在拍摄的过程中理解各种视角表达的注意事项。

任务二　摄影构图练习

任务描述

分别以横式构图、竖式构图、对角线构图、对称式构图及井字构图方式进行拍摄练习。

被摄物品：食品、文具等常见物品。

要求：注意结合被摄物品的特点选择适合的构图方式。

理论知识

构图的好与坏往往能决定一幅作品的成败。尤其在商品摄影中，要想拍好照片，就要先了解构图的基本规则和方法，避免出现很多基础性的错误。

错误一：无主题

初学者拍摄物品时，生怕漏掉任何细节，最后照片效果杂乱无章，这正是因为拍摄时在画面中放入过多的内容而导致的。一张内容过多的照片，往往令人感到不知所云，什么东西都有，却好像什么都没表达。在商品摄影中，一定要去掉一些不必要的元素，如杂乱的背景、无关的物品等，使观看者在作品中一眼就能看到我们要表达的商品信息，从而被其吸引。

错误二：画面太满

初学者会认为主物品在画面中占的面积比例越大越好，于是将要拍摄的物品拉得很近，最后画面效果令人感到非常压抑，透不过气。导致这个现象的原因就是主题占据了过多的空间，画面被撑满,也完全挡住交代环境的必要背景。要注意画面的"留白",所谓留白,就是指画面中除实体对象以外,起到衬托实体作用的画面。

错误三:画面切割

摄影中如果没有注意安排好画面中水平线或垂直线的位置,可能会造成主体与背景平均分配在画面两侧,或者造成主体与配角被平均分配在画面两侧,画面感觉被一分为二,导致画面上下(左右)力量相抗衡,而使主题不明,缺乏统一感与和谐感。

错误四:忽视水平与垂直

尽管摄影中常采用对角线构图、对称式构图等方式,但是仍然首先要注意画面中必要的"横平竖直",否则拍摄的图片会给人不稳定的感觉,在心理上感到不舒服。

任务实现

图 1-13 采用了横式构图方式,但是在拍摄过程中避免了盛放糕点的托盘横向贯通画面,造成画面切割的情况,同时并未将被摄主体置于画面正中,避免了单调呆板。

图 1-14 采用了竖式构图方式,注意点是铅笔竖向摆放时不要贯穿画面造成画面切割,同时右侧适当留白,避免画面太满情况出现。

图 1-13　横式构图

图 1-15 使用对角线构图方式,把主题物品安排在对角线上,有立体感、延伸感和运动感。

图 1-16 采用了对称式构图方式,将两个样式相同、颜色不同的物品以对称方式摆放,并设计不同的背景颜色,这样不但能制造和谐的韵律感,同时也加强了装饰性。

图 1-17 采用了井字构图方式。采用这种构图方式首先要将照片画面想象成一个"井"字,然后将要在照片上呈现的重点尽量放在四个交叉点上。灵活使用井字构图方式可以使照片脱离呆板,添增趣味性,让照片充满活力。

图 1-14　竖式构图　　　图 1-15　对角线构图　　　图 1-16　对称式构图　　　图 1-17　井字构图

技能训练

摄影构图练习

被摄物品:选择一种物品进行摄影构图练习。

要求:用各种构图方式拍摄同一件物品,注意体会各种构图方式带给观看者的不同观感体会。

Project 2

项目二
摄影中的色彩运用

项目导读

通过本项目的学习,学生可以欣赏与感受不同色彩表现形式的摄影作品,了解各种色彩的特点以及在商品摄影中的作用,并可以从自己的主观感受出发,提高对色彩的驾驭及表现能力,打破脑海中"固有色"的限制,大胆地利用自己的色彩语言去进行表现,运用主观性色彩创作商品摄影作品。

本项目可以帮助学生构建科学的色彩观,增强学生对色彩系统的理解,为应用色彩、推进色彩设计创新奠定基础。本项目指导学生认识色彩来源,通过色彩量化训练,使学生认识不同色彩及色彩的差异性,掌握色彩的调色和塑造方法,使其作品增强艺术表现力,提高学生职业适应力、岗位创新力。

知识目标

◎ 了解色彩的原理。

◎ 理解色彩的基本概念。

能力目标

◎ 能够利用所学知识设计配色方案。

◎ 能够在摄影中进行色彩搭配。

基本概念

一、三原色

原色又称为基色,即用以调配其他色彩的基本色。原色的色纯度最高、最纯净、最鲜艳,可以调配出绝大多数色彩,而其他颜色不能调配出三原色。

三原色分为两类:色光三原色和颜料三原色。

三原色

1. 色光三原色——红、绿、蓝

人的眼睛是根据所看见的光的波长来识别颜色的,可见光波只是光谱中的一小段。当这一部分光线触及人类的眼睛时,大脑就能够感知出光与色彩,而大部分影像传感器与胶片对光线的感知与人类的眼睛几乎相同。可见光波中的大部分颜色可由三种基本色光按不同比例混合而成,这三种基本色光就是红色(Red)、绿色(Green)和蓝色(Blue),简称RGB。

2. 颜料三原色——青色、品红色和黄色

印刷色彩模式是一种基于颜料三原色的、依靠反光的色彩模式,和RGB类似,CMY是3种印刷油墨名称的首字母:青色(Cyan)、品红色(Magenta)、黄色(Yellow)。但现在常用的印刷色彩模式是CMYK,其中K取的是Black最后一个字母,之所以不取首字母,是为了避免与蓝色(Blue)混淆。从理论上来说,只需要CMY三种油墨就足够了,它们三个加在一起就能得到黑色。但是由于目前制造工艺还不能造出高纯度的油墨,CMY相加的结果实际是一种暗红色,所以特意加入黑色墨晶。

打印、印刷、油漆、绘画等场合所用的颜料三原色是青色、品红色和黄色。

二、色彩的属性

数码相机的成像原理是利用色光三原色,所拍摄照片的色彩与真实色彩客观上是存在差异的,这就需要在拍摄与后期制作中,通过对色彩的掌控对图片做出较好的处理,这就要用到色彩的三个属性——色相、明度与饱和度。

1. 色相

色相是色彩的首要特征,是区别各种不同色彩的最准确的标准。黑白灰以外的任何颜色都有色相的属性,而色相是由原色、间色和复色构成的。

基本色相有红、橙、黄、绿、蓝、紫六种,在各色中间加插一个中间色,其头尾色相,按光谱顺序为红、红橙、橙、黄橙、黄、黄绿、绿、蓝绿、蓝、蓝紫、紫、红紫,即可制出十二

色相环，如图2-1所示。色相环上处于正相对位置的色彩称为互补色，彼此邻近的色彩称为类似色。明白色相之间的关系可以使配色变得简单。

2. 明度

明度是对色彩明暗度的一种衡量或是对灰度（在色调被去除的情况下，就如黑白摄影一样）的一种衡量方式。明度最高的颜色是白色，明度最低的是黑色。例如向深红色中添加白色就调高了明度，变成了粉红色。同色系色彩是指同一色相的不同明度的色彩表现。明度方面的对比越强烈，色彩与色彩之间的交界部分则越明显。在实际的配色设计中，在整体印象不发生变动的前提下，维持色相、饱和度不变，通过加大明度差的方法可以增加画面的张弛感。

图2-1 十二色相环

3. 饱和度

饱和度又称为纯度或彩度，是指色彩的鲜艳程度。饱和度最高的颜色被称为纯色。在色彩学中，原色饱和度最高，随着饱和度降低，色彩变得暗淡直至成为无彩色，即失去色相的色彩。

在实际配色中，通过调整饱和度，可以使相同的色相形成不同的印象。一般来讲，色彩的饱和度越高，越容易形成强劲有力、充满朝气的印象，而饱和度越低，越容易形成成熟、稳重的印象。

白色、黑色、灰色属于无彩色，这三种色彩没有色相属性和饱和度属性，是只有明度一个属性的色彩。因为其不含有饱和度属性，所以和其他任何色彩搭配时都很和谐。合理、恰当地运用无彩色，可以收紧设计画面，营造时尚的氛围和稳重的印象。但是，同时也应注意避免画面陷入单调、乏味、呆板的印象中。

三、色温——冷暖色

色温是表示光线中包含颜色成分的一个计量单位，单位为K（开尔文）。这个概念基于一个虚构的黑色物体，在被加热到不同的温度时，黑色物体会发出不同颜色的光，呈现出不同颜色。使用这种方法标定的色温与普通大众所认为的"暖"和"冷"正好相反。例如，通常人们会感觉红色、橙色和黄色较暖，白色和蓝色较冷，而实际上红色的色温最低，然后逐步增加的是橙色、黄色、白色和蓝色，蓝色的色温最高。

色温不同，带来的感觉也不相同。色温越低，色调越暖（偏红）；色温越高，色调越冷（偏蓝）。色温在3 000K以下，是暖色光，会给人一种温暖舒适的感觉；色温介于3 000～5 000K时为中间色温，光线柔和，给人愉快、清爽、洁净的感觉；色温在5 000K以上，有冷的感觉。了解光线与色温之间的关系有助于摄影师在不同的光线下进行拍摄，预先计算出将会拍摄出什么色调的照片，并进一步考虑是要强化这种色调还是减弱这种色调，在实际拍摄时应该利用相机的哪一种功能来强化或弱化这种色调。

红色、橙色、黄色等色属于暖色系，往往给人热烈、兴奋、热情的感觉；绿色、蓝色、紫色属于冷色系，往往给人凉爽、开阔、通透的感觉；灰色、黑色、白色属于中性色系。

冷色调的明度越高，颜色越偏暖；暖色调的明度越高，则颜色越偏冷。色温图如图2-2所示。

图 2-2 色温图

任务一　常见色彩物品摄影练习（一）

▎任务描述

分别对以红色、蓝色、绿色、黄色为主要特征的被摄物品进行摄影练习。

被摄物品：具有以上颜色的各类物体、花卉及穿着以上颜色服装的人物等。

要求：表现出以上颜色的鲜明特征，把握好色相、明度、饱和度这三要素。

▎理论知识

1. 拍摄红色物体时的注意事项

红色通常象征着热情、奔放。由于红色可以算是所有色彩中最为"抢眼"的色彩，因此红色的主体在画面中会显得格外醒目，如图 2-3 所示。而若是想将其作为背景的话，则最好选择较大面积的红色，这主要是因为小面积的红色在画面中往往会显得更加突出，这样就极易造成喧宾夺主的感觉。

图 2-3　红色主色调照片

2. 拍摄蓝色物体时的注意事项

蓝色通常象征着宁静、永恒。平时生活中比较常见的蓝色景物无疑就是天空和海洋了。因此，拍摄者若是使用大面积的蓝色作为背景，可以使人有一种视野开阔的感觉，如图 2-4 所示。拍摄者如果是将蓝色作为主体，则背景颜色的选择最好也以像蓝色这样的冷

图 2-4　蓝色主色调照片

色调为主，因为红、黄等暖色调通常会直接抢去蓝色的风头，这样不利于蓝色主体在画面中得到突出。

3. 拍摄绿色物体时的注意事项

作为大自然的色彩，绿色通常象征着生机、和平。人们一般比较喜欢使用绿色作为画面的背景，绿色的背景总是能很好地衬托其他的色彩，如图 2-5 所示。在拍摄绿色物体时，由于绿色的反光率很接近灰色，因此相机的自动测光会十分准确地还原出画面中的绿色。而在没有灰卡时，绿色的物体也可以在一定程度上代替灰卡帮助拍摄者获得准确的曝光。

图 2-5　绿色主色调照片

4. 拍摄黄色物体时的注意事项

黄色通常象征着开朗、阳光。明亮、耀眼的黄色不仅可以作为鲜明的主体出现在画面之中，还能够作为背景赋予画面温暖、明快的氛围，如图 2-6 所示。黄色的明度一般比较高，因而在拍摄黄色物体时，拍摄者需要相应地增加曝光，以防止由于曝光不足导致所拍摄的黄色发红、发暗。

图 2-6　黄色主色调照片

任务实现

（1）拍摄红色为主色调的照片，如图 2-7 所示。

使用单反相机进行拍摄，主要参数如下：

光圈值为 f/2，ISO 为 400，曝光时间为 1/80 秒，焦距为 50mm，曝光补偿为 0。

（2）拍摄红色为主色调的照片，如图 2-8 所示。

使用单反相机进行拍摄，主要参数如下：

光圈值为 f/2.8，ISO 为 100，曝光时间为 1/640 秒，焦距为 27mm，曝光补偿为 0。

（3）拍摄红色为主色调的照片，如图 2-9 所示。

使用单反相机进行拍摄，主要参数如下：

光圈值为 f/14，ISO 为 125，曝光时间为 1/125 秒，焦距为 70mm，曝光补偿为 0。

图 2-7　红色主体照片 1　　　图 2-8　红色主体照片 2　　　图 2-9　红色主体照片 3

（4）拍摄蓝色为主色调的照片，如图 2-10 所示。

使用单反相机进行拍摄，主要参数如下：

光圈值为 f/2.8，ISO 为 100，曝光时间为 1/2 000 秒，焦距为 40mm，曝光补偿为 0。

（5）拍摄蓝色为主色调的照片，如图 2-11 所示。

使用单反相机进行拍摄，主要参数如下：

光圈值为 f/8，ISO 为 100，曝光时间为 1/100 秒，焦距为 25mm，曝光补偿为 0。

（6）拍摄蓝色为主色调的照片，如图2-12所示。

使用单反相机进行拍摄，主要参数如下：

光圈值为f/3.2，ISO为1 000，曝光时间为1/125秒，焦距为40mm，曝光补偿为0。

 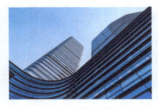 

图2-10　蓝色主体照片1　　　　图2-11　蓝色主体照片2　　　　图2-12　蓝色主体照片3

（7）拍摄绿色为主色调的照片，如图2-13所示。

使用单反相机进行拍摄，主要参数如下：

光圈值为f/8，ISO为2 500，曝光时间为1/25秒，焦距为30mm，曝光补偿为–1。

（8）拍摄绿色为主色调的照片，如图2-14所示。

使用单反相机进行拍摄，主要参数如下：

光圈值为f/2.8，ISO为200，曝光时间为1/160秒，焦距为100mm，曝光补偿为0。

（9）拍摄绿色为主色调的照片，如图2-15所示。

使用单反相机进行拍摄，主要参数如下：

光圈值为f/11，ISO为100，曝光时间为1/30秒，焦距为112mm，曝光补偿为0。

图2-13　绿色主体照片1　　　　图2-14　绿色主体照片2　　　　图2-15　绿色主体照片3

（10）拍摄黄色为主色调的照片，如图2-16所示。

使用单反相机进行拍摄，主要参数如下：

光圈值为f/5，ISO为100，曝光时间为1/125秒，焦距为100mm，曝光补偿为0。

（11）拍摄黄色为主色调的照片，如图2-17所示。

使用单反相机进行拍摄，主要参数如下：

光圈值为f/2.2，ISO为125，曝光时间为1/125秒，焦距为50mm，曝光补偿为0。

（12）拍摄黄色为主色调的照片，如图2-18所示。

使用单反相机进行拍摄，主要参数如下：

光圈值为f/11，ISO为100，曝光时间为1/125秒，焦距为73mm，曝光补偿为0。

图2-16　黄色主体照片1　　　　图2-17　黄色主体照片2　　　　图2-18　黄色主体照片3

技能训练

单一颜色物品拍摄练习

被摄物品：色彩较单一的物品，如水果、花卉、服装等。
要求：注意不要使太多的色彩进入画面，达到突出主体的效果。

任务二　常见色彩物品摄影练习（二）

任务描述

分别对以白色、黑色为主要特征的被摄物品做摄影练习。
被摄物品：白色、黑色物体或以白色、黑色为主要背景颜色的物体。
要求：理解并掌握摄影中"白加黑减"原则。

理论知识

1. 拍摄白色物体时的注意事项

白色作为所有色彩中最亮的色彩，一直以来都是纯洁、干净的象征。不过，正是由于白色的反光率较高，因此在拍摄白色物体时，相机往往会自动减少曝光量，这样所导致的结果就是白色容易被拍成浅灰色。

因此，在拍摄白色物体时，拍摄者最好在相机自动测光结果的基础上适当提高曝光值，或者直接使用灰卡进行测光，以保证在画面中还原出准确的白色，如图 2-19 所示。

图 2-19　白色主色调照片

2. 拍摄黑色物体时的注意事项

黑色作为所有色彩当中最暗的色彩，象征着神秘、庄重。与白色刚好相反，黑色的感光率通常较低，在拍摄黑色物体时，相机往往会自动增加曝光量，这样所导致的结果就是黑色被拍成了深灰色。

所以，在拍摄黑色物体时，拍摄者最好在相机测光结果的基础之上适当降低曝光值，或者直接使用灰卡进行测光，从而保证所拍摄出来的黑色准确无误，如图 2-20 所示。

图 2-20　黑色主色调照片

任务实现

（1）拍摄白色为主色调的照片，如图 2-21 所示。
使用单反相机进行拍摄，主要参数如下：
光圈值为 f/11，ISO 为 100，曝光时间为 1/80 秒，焦距为 19mm，曝光补偿为 +1。
（2）拍摄白色为主色调的照片，如图 2-22 所示。
使用单反相机进行拍摄，主要参数如下：
光圈值为 f/13，ISO 为 100，曝光时间为 1/30 秒，焦距为 28mm，曝光补偿为 +1。

（3）拍摄白色为主色调的照片，如图 2-23 所示。

使用单反相机进行拍摄，主要参数如下：

光圈值为 f/8，ISO 为 100，曝光时间为 1/125 秒，焦距为 105mm，曝光补偿为 +1。

图 2-21　白色主体照片 1　　　图 2-22　白色主体照片 2　　　图 2-23　白色主体照片 3

（4）拍摄黑色为主色调的照片，如图 2-24 所示。

使用单反相机进行拍摄，主要参数如下：

光圈值为 f/17，ISO 为 100，曝光时间为 1/160 秒，焦距为 85mm，曝光补偿为 -2/3。

（5）拍摄黑色为主色调的照片，如图 2-25 所示。

使用单反相机进行拍摄，主要参数如下：

光圈值为 f/9，ISO 为 100，曝光时间为 1/80 秒，焦距为 67mm，曝光补偿为 -1。

（6）拍摄黑色为主色调的照片，如图 2-26 所示。

使用单反相机进行拍摄，主要参数如下：

光圈值为 f/1.8，ISO 为 100，曝光时间为 1/40 秒，焦距为 28mm，曝光补偿为 -1/3。

图 2-24　黑色主体照片 1　　　图 2-25　黑色主体照片 2　　　图 2-26　黑色主体照片 3

技能训练

多颜色物品（环境）拍摄练习

被摄物品：各种颜色掺杂形成对比的物品或环境，如公园、建筑、彩色衣物等。

要求：利用色彩对比增强作品的感染力。

Project 3

项目三
商品拍摄实战

---项目导读---

通过本项目的学习,学生能够掌握人像摄影与商品摄影的区别,找到商品拍摄的侧重点;有意识地展现商品的各种细节、面料质地和制作工艺等;准确还原商品原本的色彩,减少在不同环境中拍摄造成的色差问题;根据不同类型商品的特点灵活运用不同的布光方式和镜头角度来表现商品。

通过不同类型商品拍摄实战,强化学生观察事物的洞察力,在提高学生的审美、创造及表现能力的同时,将价值塑造、知识传授和能力培养有机融合,并弘扬工匠精神、社会主义核心价值观,从而全面提升学生的综合素养。

知识目标

◎ 了解商品的拍摄过程。

◎ 了解不同材质物品的拍摄方法。

能力目标

◎ 能够根据不同商品设计拍摄方案。

◎ 能够准确、美观、专业地拍摄出商品照片。

任务一　对化妆品类商品进行拍摄

任务描述

以口红为例，对化妆品类商品进行拍摄。

被摄物品：口红。

要求：尽量拍摄得清新、淡雅，把握好构图、灯光和色彩搭配等拍摄要点。

理论知识

拍摄化妆品类商品的注意事项：

化妆品类商品的包装无论从材质，还是颜色来看，都很精致，对于拍摄来说，这些也是经常要拍摄的产品。所以想要把它们表现得尽善尽美，要考虑的应该是灯光和拍摄角度的问题。这类产品应尽量拍摄得清新、淡雅，这样才能体现产品的特性。首先要考虑构图和物品的摆放，如何体现出层次关系、画面平衡与色彩搭配，直接影响到照片的可看性。灯光的运用也相当重要，根据拍摄物品的性质——反光与否、形状、材质来决定灯光的柔和度，是把灯光适当拉远还是贴近，是一侧光强另一侧光弱，还是两边平衡，这些都需要考虑。一般我们所拍摄化妆品的包装材质都是半透明的塑料或者玻璃的，这样的材质，我们通常都使用柔光照明的方式来表现，尽量使用柔光罩，若是使用直接照明的方式，会产生强烈的反光，非常刺眼。

商品拍摄实战

任务实现

1. 摄影器材的准备

摄影器材的准备见表3-1。

表3-1　摄影器材的准备

器材	数量	备注
数码单反相机	1	
三脚架	1	
光源	2	带有柔光罩
摄影台	1	白色背景
反光板	1	可用白卡纸替代

2. 拍摄场景布置

口红颜色鲜艳，因此拍摄时适合选用浅色单色背景，使画面干净、雅致。将口红置于白色背景摄影台之上，位置稍靠近摄影台边缘，如图3-1所示。

3. 布光

设置光源位置，使用两盏带有柔光罩的光源，分别置于摄影台左右两侧，采用夹光方式突出口红的轮廓，如图3-2所示。注意适当调节光源亮度。

可在口红前方加一张反光板（或白卡纸），制作口红外包装的高光，注意调整反光板倾斜角度，以达到最理想效果，如图3-3所示。

图3-1　拍摄场景布置　　　　图3-2　设置光源位置　　　　图3-3　放置反光板

4. 拍摄

口红外包装属于反光类物品，在拍摄时需要注意机位，不要使自己的影像出现在被摄物品上。另外需要注意测光，按照"白加黑减"原则适当增加曝光补偿。拍摄效果如图3-4～图3-7所示。

图3-4　口红拍摄　　　图3-5　口红拍摄　　　图3-6　口红拍摄　　　图3-7　口红拍摄
　　　效果图1　　　　　　　效果图2　　　　　　　效果图3　　　　　　　效果图4

口红属于带有反光表面的物品。在拍摄这类物品时，切记不要让相机的机位与光源处于同一角度。拍摄反光物品的诀窍是使用比较大型的光源，并且把它放置在与相机机位相对的位置，或者通过尝试不同的拍摄角度以及改变光源的位置，来调整画面的整体效果。

技能训练

选择一款化妆品进行拍摄练习

被摄物品：化妆品类，自选一款化妆品。

要求：可以采用微距或近距离展现商品细节；注意不同材质、不同反光度物品在拍摄时的布光。

任务二　对皮鞋类商品进行拍摄

任务描述

以男士黑色皮鞋为例，对皮鞋类商品进行拍摄。

被摄物品：男士黑色皮鞋。

要求：利用不同的灯光，营造鞋面闪亮的效果；正确表现皮鞋的材质。

理论知识

拍摄皮鞋类商品的注意事项：

大多数皮鞋的材质特点是平滑面有亮光，因此利用强烈的逆光或侧逆光照在鞋面上，能营造出闪亮的亮光；利用没有产生反射光的部分来正确表现皮鞋材质。但是主要亮光之外的背光区域不能过于黑暗，而应该用反光板或灯光给予辅助照明，以获得明暗合适、富有质感且反射光明亮的立体效果。拍摄皮鞋通常选用摆拍的方式进行多角度拍摄。

任务实现

1. 摄影器材的准备

摄影器材的准备见表3-2。

表 3-2 摄影器材的准备

器材	数量	备注
数码单反相机	1	
三脚架	1	
光源	1	不带柔光罩
柔光板	1	
摄影台	1	白色背景

2. 拍摄场景布置

使用白色背景摄影台，将皮鞋竖起来，对着相机正面摆放，避免俯拍，方便摄影师轻松拍摄皮鞋全貌，如图3-8所示。

3. 布光

由于材质原因，拍摄皮鞋需要使用不加柔光罩的硬光光源进行补光，使皮鞋产生明显的反射光。但是这种方式会对皮革质感的表现有一定影响，所以可以在布光时采用柔光板，硬光和软光配合，产生光泽感。拍摄时可以边拍边调整柔光板的位置和角度，以达到最佳拍摄效果，如图3-9所示。

图 3-8 拍摄场景布置

图 3-9 设置光源位置

4. 拍摄

按照上述布光原则，从皮鞋的多个角度进行拍摄，展示产品的更多细节，帮助买家了解更多信息。拍摄效果如图3-10～图3-13所示。

图 3-10 皮鞋拍摄效果图 1　　图 3-11 皮鞋拍摄效果图 2　　图 3-12 皮鞋拍摄效果图 3　　图 3-13 皮鞋拍摄效果图 4

以皮鞋为代表的皮革制品中，深、黑色的占有相当比例。由于被摄物品的亮度低，布光中常常会引起判断失误，而拼命加强主光的亮度，其结果反而导致反差大，失去层次。颜色越是深暗的被摄物品，越宜使用散射、适当弱一些、较大面积的软光照明，并在曝光中进行补偿，也就是前边任务中提到的"白加黑减"原则，曝光时要稍微减少曝光量。

另外，拍摄时还需要注意对皮革类物品上高光和阴影的处理，阴影过于明显时需要使用反光板进行补光，将光反射到阴影上，这样阴影就会变浅。但是如果完全没有阴影的话，就会失去立体感。拍摄时要根据皮革类物品摆放的角度而灵活调整灯光照射的角度。

技能训练

选择皮革类商品进行拍摄练习

被摄物品：皮革类商品（比如，皮包、皮鞋）。

要求：注意皮革类商品高光和阴影的处理，多拍摄能说明商品质量的细节，预先设计皮革类商品的构图和布光。

任务三　对服装类商品进行拍摄

任务描述

以女士毛衣为例，对服装类商品进行拍摄。

被摄物品：女士毛衣。

要求：尽量全面展现面料的质感和服装设计的细节，体现商品的真实性。

理论知识

拍摄服装类商品的注意事项：

在拍摄服装类商品时，无论是衣服的颜色、质感还是面料都要拍得准确，让买家觉得商品图片是真实的。拍摄细节非常重要，不能只是拍下衣服的样子，要把色彩的细节、布料质感的细节和服装设计上的细节全部展现出来。这样买家挑选时才会放心，对店铺的信任感也会加强。

服装类商品拍摄的手法通常有：

（1）将服装悬挂拍摄。

（2）将服装平铺拍摄。

（3）服装模特在室内拍摄。

（4）服装模特在室外拍摄。

因为模特拍摄成本较高,所以普通卖家多数还是选择将服装平铺进行拍摄。同时还要考虑服装的材质与布光搭配,如皮革类服装在拍摄时采用硬光表现光泽,毛绒、丝绸等面料服装则选用散光源展现细腻。同时也可对裁剪、缝纫等细节进行拍摄展现,强调服装的质量。

任务实现

1. 摄影器材的准备

摄影器材的准备见表 3-3。

表 3-3　摄影器材的准备

器材	数量	备注
数码单反相机	1	
三脚架	1	
光源	1	带有柔光罩
摄影台	1	白色背景

2. 拍摄场景布置

在选择拍摄背景时,要选择平整无皱,颜色不影响衣服完整性的背景纸。也就是说,背景纸的颜色不要与衣服颜色一样,也不能用反差过于强烈的颜色。这里使用白色背景摄影台,将毛衣摆放在摄影台上,调整衣物状态和拍摄角度,如图 3-14 所示。

3. 布光

拍摄毛衣类物品,为了很好地展现出柔软舒适的针织质感,需要使用柔光拍摄。将两盏柔光灯采用夹光布置的方式,分别从毛衣左右上方 45°的位置照射到毛衣上。同时使用不同强度的光进行照明,拍摄时把其中一盏灯调得稍强,而另一盏灯调得较弱。受到强光的影响,较弱的那盏灯就不会产生阴影,如图 3-15 所示。如果灯具不能够调节光的强弱,可以通过改变光照的距离来改变光的强弱。

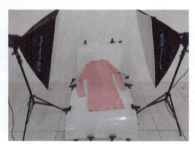

图 3-14　拍摄场景布置

图 3-15　设置光源位置

4. 拍摄

除了拍摄毛衣整体外,还可以对领口、质地、商标、裁剪等细节进行拍摄,也可以对同一款式不同颜色的毛衣同时拍摄展现更多细节。拍摄效果如图 3-16 ~ 图 3-19 所示。

如果选择采用自然光进行衣物拍摄,建议采用下午 2 点左右照进室内的阳光,因为此时光线最容易突出衣服的立体感、层次感以及质感。另外,拍照的时候不要使用闪光灯,闪光灯的使用,往往会造成衣服失去立体感,纹理模糊不清晰。

图 3-16　毛衣拍摄效果图 1　　图 3-17　毛衣拍摄效果图 2　　图 3-18　毛衣拍摄效果图 3　　图 3-19　毛衣拍摄效果图 4

技能训练

选择一款服装类商品进行拍摄练习

被摄物品：服装类商品。

要求：近距离拍摄展现商品细节和质感，注意商品立体感的展现，预先设计构图和布光。

任务四　对珠宝首饰类商品进行拍摄

任务描述

以珠宝戒指为例，对珠宝首饰类商品进行拍摄。

被摄物品：珠宝戒指。

要求：布光准确，能表现出珠宝戒指的质感和美感。

理论知识

拍摄珠宝首饰类商品的注意事项：

珠宝首饰类商品拍摄重要的就是展示珠宝的美感，珠宝首饰都是比较小规格的，特别是一些钻戒、耳钉、吊坠等，都是非常精巧的。我们要处理尺寸非常小的物品，尤其是钻石珠宝都有很多切割面，表面反光会非常严重，因此在拍摄时就要注意布光的准确，尽可能消除可能会出现的眩光。

布光在产品摄影中起到了至关重要的作用，特别是在拍摄这种尺寸很小的珠宝物品时，布光照明显得尤为重要。如果想要保证拍摄出来的珠宝照片具有质感和美感，可以布置柔和的漫射灯光，这里不建议使用相机本身的闪光灯，可以用荧光灯作为最佳光源。

因为珠宝首饰的尺寸很小，所以珠宝拍摄要在很近的距离内操作，通过自己改变光圈来控制精确的景深。

任务实现

1. 摄影器材的准备

摄影器材的准备见表 3-4。

表 3-4 摄影器材的准备

器材	数量	备注
数码单反相机	1	
三脚架	1	
光源	1	带有柔光罩
摄影台	1	黑色背景
反光板	1	可用白卡纸替代

2. 拍摄场景布置

拍摄珠宝首饰类商品时,最好选用深色背景。在摄影台上铺设黑色背景布,戒指也放在黑色戒指托内,如图 3-20 所示。

3. 布光

珠宝首饰类物品光泽度很强,要通过补光的方法,表现出不同面的明度、不同棱边的高光,使各棱边产生清晰的光亮。对于多棱面的宝石,在拍摄中应采用直射光,用光要软。对宝石的补光,要打出各个面的亮度,在左右前方各放置一盏带有柔光罩的补光灯,采用夹光方式布光。另外还要注意控制反光,可以在首饰前方加一个反光板,倾斜放置,并观察珠宝首饰的反光,微调反光板位置,如图 3-21 所示。

图 3-20 拍摄场景布置

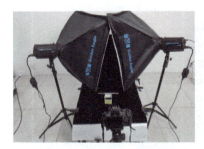
图 3-21 设置光源位置

4. 拍摄

拍摄珠宝首饰类物品时,因为被摄物品相对较小,尽量使用微距镜头,采用微距拍摄。如果没有微距镜头,则在拍摄时需要尽量靠近被摄物品,设置小光圈,尽量捕捉更多细节以增强展现力。拍摄效果如图 3-22 ~ 图 3-25 所示。

图 3-22 戒指拍摄效果图 1

图 3-23 戒指拍摄效果图 2

图 3-24 戒指拍摄效果图 3

图 3-25 戒指拍摄效果图 4

珠宝产品摄影是非常考验摄影师的审美的,宝石和钻石都是非常昂贵的奢侈品,拍摄要把珠宝的质感和高档展示出来,摄影技巧和布光技巧非常重要。启用点聚焦模式,可以将摄影师的注意力集中在显示珠宝细节上。为避免出现颗粒感,可以将 ISO 感光度设置为最小值,如果是拍摄比较轻的产品或者是白色背景,不要忘记预设白平衡。如果要让宝石产生光芒效果,可以使用直接光束作为附加光源。

技能训练

常见商品拍摄练习

被摄物品：化妆品、皮包皮具、衣物、首饰、食品等。
要求：注意不同材质、不同反光度物品在拍摄时的布光。

任务五 对食品类商品进行拍摄

任务描述

以巧克力饼干为例，对食品类商品进行拍摄。
被摄物品：巧克力饼干。
要求：选择干净、与巧克力饼干颜色有对比的背景，应用微距拍摄展现巧克力饼干的细节。

理论知识

拍摄食品类商品的注意事项：

饼干、糖果、糕点、坚果等休闲食品是经常需要拍摄的商品。在拍摄时，要尽可能使背景与食品的颜色产生对比，不要使用与食品颜色相近的背景。例如，放在红色盘子里的草莓会使得主题不够鲜明。此外，背景也要干净。如果不容易确定，那么就用一个白色盘子。可以用微距拍摄装着食品的盘子局部，凑近拍摄目标可以展示食品更精细的部分，让其更加生动。

如果需要展现产品外包装，需要注意将外包装舒展平整，在拍摄时展现商标、原料、生产日期等。同时注意不要使用闪光灯，以免造成反光而使文字不清。

任务实现

1. 摄影器材的准备

摄影器材的准备见表3-5。

表3-5 摄影器材的准备

器材	数量	备注
数码单反相机	1	
三脚架	1	
光源	1	带有柔光罩
摄影台	1	白色背景

2. 拍摄场景布置

拍摄食品类商品时，不要使用与食品颜色相近的背景。这里拍摄巧克力饼干，所以选用白色背景，如图3-26所示。

3. 布光

使用两盏带有柔光罩的补光灯，放置在被摄物品左右 30°的位置上，相机采用 45°俯拍。食品类物品对光很敏感，如果光影不到位，食物就会显得不新鲜，影响顾客的购买欲。另外，还要根据食品的类型来选择光线，比如面包之类的，很适合暖色系，暖暖的阳光照射给人一种柔和的感觉，而拍海鲜之类的，就可以稍微冷色系一点，突出海鲜本来的色彩。拍摄巧克力饼干时的布光如图 3-27 所示。

图 3-26　拍摄场景布置

图 3-27　设置光源位置

4. 拍摄

拍摄食物时，也经常使用微距拍摄，使镜头尽量接近被摄物品。另外在拍摄环境亮度允许的情况下，尽量不要使用相机闪光灯。即使要用闪光灯，也不要把光直接打在食物上，可以把光向上打，再利用反射的原理把光投射到食物上。可适当地把光圈放大，在大光圈下用高 ISO 拍摄，这样拍出的效果有虚有实。巧克力饼干拍摄效果如图 3-28～图 3-30 所示。

图 3-28　饼干拍摄效果图 1

图 3-29　饼干拍摄效果图 2

图 3-30　饼干拍摄效果图 3

技能训练

带背景环境的物品拍摄练习

被摄物品：带背景环境的物品。

要求：非单一背景颜色拍摄，放置适当的背景物品和背景颜色，进行拍摄练习。

Project 4

项目四

图像基本操作

项目导读

本项目以任务形式讲解图像处理的一些基本操作和图层混合模式知识点的应用。

通过本项目学习，了解位图和三原色的原理；区分画布尺寸和图像尺寸，突出图像精华部分；能够利用填充、描边和变换等基本工具对图像进行处理；在了解PS软件界面的基础上，加深图层混合模式的认识。

通过任务练习，引导学生加强实践练习，为知识点的熟练应用和以后的独立设计打下基础；处理图像和色彩搭配要从位图和三原色这些基本点出发，可以更好地理解任务中的知识点。

知识目标

◎ 理解图像分辨率及图像大小、尺寸等相关概念。
◎ 了解透视效果相关概念。

技能目标

◎ 能够调整图像的尺寸和分辨率。
◎ 能合理运用填充与描边工具。
◎ 能够通过改变图像视角和范围，制作特殊效果。
◎ 能够根据图像的处理要求，选择合适的图层混合模式。

基本概念

一、位图和矢量图

位图也称点阵图（Bitmap Images），它是由像素组成的。对于72像素/英寸的分辨率而言，1像素=1/72英寸，1英寸=2.54厘米。位图与分辨率有关，分辨率是单位面积内所包含像素的数目。

矢量图是由数学公式所定义的直线和曲线组成的。矢量图与分辨率无关。

矢量图和位图的区别

二、分辨率

1. 图像分辨率

图像分辨率是指图像中每单位长度所包含像素（即点）的数目，常以像素/英寸（pixels per inch，ppi）为单位。图像分辨率越高，图像越清晰。但过高的分辨率会使图像文件过大。

2. 显示器分辨率

显示器分辨率是指显示器中每单位长度显示的像素（即点）的数目，通常以每英寸点数（dots per inch，dpi）表示。常用的显示器分辨率有1 024像素×768像素（长度上分布了1 024个像素，宽度上分布了768个像素）、800像素×600像素、640像素×480像素。

在Photoshop中，图像分辨率直接转换为显示器分辨率，当图像分辨率高于显示器分辨率时，图像在屏幕上的显示比实际尺寸大。

例如，当一幅分辨率为72ppi的图像在72dpi的显示器上显示时，其显示范围是1英寸×1英寸；而当图像分辨率为216ppi时，图像在72dpi的显示器上的显示范围为3英寸×3英寸。因为屏幕只能显示72ppi，即它需要3英寸才能显示216像素的图像。

知识链接

正确理解显示器分辨率的概念，有助于大家理解屏幕上图像的显示大小经常与其打印尺寸不同的原因。

3. 位分辨率

位分辨率又称位深，是用来衡量每个像素所保存颜色信息的位元数。例如，一个24位的RGB图像，表示其各原色R、G、B均使用8位，三原色之和为24位。在RGB图像中，每一个像素均记录R、G、B三原色值，因此每一个像素所保存的位元数为24位。

三、色彩模式

1. 位图模式

位图模式的图像又称黑白图像，是用两种颜色（黑白）来表示图像中的像素。其每一个像素都是用 1 位的位分辨率来记录色彩信息的，因此，所要求的磁盘空间最少。图像在转换为位图模式之前必须先转换为灰度模式。

2. 灰度模式

灰度模式的图像每一个像素都是用 8 位的位分辨率来记录色彩信息的，因此可产生 256 级灰阶。灰度模式的图像只有明暗值，没有色相和饱和度这两种颜色信息。其中，0% 为黑色，100% 为白色。

3. RGB 模式

RGB 模式主要用于发光设备，如显示器、投影设备、电视和舞台灯等。该种模式包括三原色——红（R）、绿（G）、蓝（B），每种色彩的取值范围都是 0～255，即每种色彩都有 256 种颜色，这三种色彩混合可产生 16 777 216 种颜色。RGB 模式是一种加色模式，因为当 R、G、B 均为 255 时，为白色；均为 0 时，为黑色；均为相等数值时，为灰色。在该模式下，所有的滤镜均可用。

4. CMYK 模式

CMYK 模式是一种印刷模式。该模式下每种颜色的取值范围为 0%～100%。CMYK 模式是一种减色模式，在该模式下有些滤镜不可用，而在位图模式和索引颜色模式下所有滤镜均不可用。

5. 索引颜色模式

索引颜色模式是采用一个颜色表存放并索引图像中的颜色，颜色表中最多 256 种颜色。转变为索引颜色模式时，如果原图像中的某种颜色没有出现在该表中，则程序将选取现有颜色中最接近的一种，或使用现有颜色模拟该颜色。

6. Lab 模式

Lab 模式是不依赖于光线和颜料，模仿人眼视角习惯而产生的模式，在理论上包括人眼可以看到的所有色彩。

四、常用文件存储格式

1. PSD 格式

PSD 格式是 Photoshop 软件的专用格式，该格式可以存储 Photoshop 中所有的图层、通道和剪切路径等信息。

2. BMP 格式

BMP 格式是 DOS 和 Windows 平台上常用的一种图像格式。它支持 RGB 模式、索引颜色模式、灰度模式和位图模式，但不支持 Alpha 通道，也不支持 CMYK 模式的图像。

3. TIFF 格式

TIFF 格式是一种无损压缩（采用的是 LZW 压缩）格式。它支持 RGB 模式、CMYK 模式、Lab 模式、索引颜色模式、位图模式和灰度模式。

4. JPEG 格式

JPEG 格式是一种有损压缩的网页格式，不支持 Alpha 通道，也不支持透明。当文件存为此格式时，会弹出对话框，在 Quality 中设置的数值越高，图像品质越好，文件也越大。该格式支持 24 位真彩色的图像，适用于色彩丰富的图像。

5. GIF 格式

GIF 格式是一种无损压缩（采用的是 LZW 压缩）的网页格式，支持 256 色（8 位图像），支持一个 Alpha 通道，支持透明和动画格式。目前，GIF 存在两类：GIF 87a（严格不支持透明像素）和 GIF 89a（允许某些像素透明）。

6. PNG 格式

PNG 格式是一种无损压缩的网页格式。PNG 格式将 GIF 和 JPEG 格式的优点结合起来，支持 24 位真彩色，无损压缩，支持透明和 Alpha 通道。PNG 格式不完全支持所有浏览器，所以在网页中的使用要比 GIF 和 JPEG 格式少得多。但随着网络的发展和互联网传输速率的改善，PNG 格式将是未来网页中使用的一种标准图像格式。

7. PDF 格式

PDF 格式可跨平台操作，可在 Windows、Mac OS、UNIX 和 DOS 环境下浏览（用 Acrobat Reader）。它支持 Photoshop 格式支持的所有颜色模式和功能，支持 JPEG 和 Zip 压缩（但使用 CCITT Group 4 压缩的位图模式的图像除外），支持透明，但不支持 Alpha 通道。

任务一　通过调整图像尺寸及裁切，呈现照片精华部分

任务描述

打开如图 4-1 所示的数码照片图像文件，通过修改图像画布的尺寸，只保留照片的精华部分，如图 4-2 所示。

图 4-1　数码照片

图 4-2　修改图像画布尺寸后的效果

理论知识

一、图像的显示效果

1. 100% 显示图像

图 4-3 所示为 100% 显示图像，在此状态下可以对文件进行精确的编辑。

2. 放大显示图像

选择 "缩放工具 "，在图像中鼠标光标变为放大图标 ，每单击一次鼠标，图像就会放大一倍。当图像以 100% 的比例显示时，用鼠标在图像窗口中单击 1 次，图像则以 200% 的比例显示，如图 4-4 所示。

当要放大一个指定的区域时，选择"放大工具 "，单击指定的区域并按住鼠标不放，图像放大到合适大小时，松开鼠标即可。

快捷键：<Ctrl++>组合键，可逐次放大图像，例如从 100% 的显示比例放大到 200%，直至 300%、400%。

图 4-3　100% 显示效果　　图 4-4　200% 显示效果

3. 缩小显示图像

缩小显示图像，一方面可以用有限的屏幕空间显示出更多的图像，另一方面可以看到一个较大图像的全貌。

选择"缩放工具 "，在图像中鼠标光标变为放大工具图标 ，按住 <Alt> 键不放，鼠标光标变为缩小工具图标 。每单击一次鼠标，图像将缩小显示一级。也可在缩放工具属性栏中单击缩小工具按钮 。按 <Ctrl+-> 组合键，也可逐次缩小图像。

> **小提示**
> <Ctrl++> 表示：同时按下 Ctrl 键和 + 键，中间的 + 表示同时的意思。

二、图像和画布尺寸的调整

根据制作过程中不同的需求，可以随时调整图像的尺寸与画布的尺寸。

1. 图像尺寸的调整

打开一幅图像，执行"图像"→"图像大小"命令，弹出"图像大小"对话框，如图 4-5 所示。

（1）像素大小：通过改变"宽度"和"高度"选项的数值，改变图像在屏幕上显示的大小，图像的尺寸也相应改变。

（2）文档大小：通过改变"宽度""高度"和"分辨率"选项的数值，改变图像的文档大小，图像的尺寸也相应改变。

（3）约束比例：选中此复选框，在"宽度"和"高度"选项右侧出现锁链标志 ，表示改变其中一项设置时，两项会成比例地同时改变。

（4）重定图像像素：不勾选此复选框，图像的数值将不能单独设置，"文档大小"组中的"宽度""高度"和"分辨率"选项右侧将出现锁链标志 ，改变数值时三项会同时改变，如图 4-6 所示。

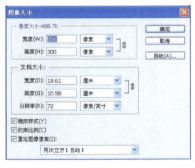 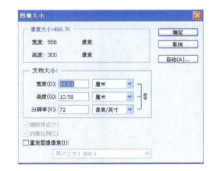

图 4-5　"图像大小"对话框　　图 4-6　不勾选重定图像像素

（5）图像尺寸的计量单位：在"图像大小"对话框中可以改变选项数值的计量单位，在选项右侧的下拉列表中进行选择，如图 4-7 所示。

（6）分辨率：单击"自动"按钮，弹出"自动分辨率"对话框，系统将自动调整图像的分辨率和品质效果，如图 4-8 所示。

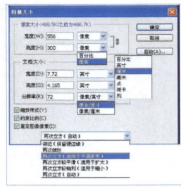
图4-7 图像尺寸的计量单位

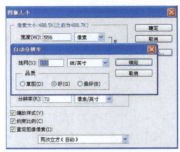
图4-8 自动分辨率

2. 画布尺寸的调整

画布尺寸的大小是指当前图像周围的工作空间的大小。执行菜单"图像"→"画布大小"命令，弹出"画布大小"对话框，如图4-9所示。

（1）当前大小：显示的是当前文件的大小和尺寸。

（2）新建大小：用于重新设定图像画布的大小。

（3）定位：可调整图像在新画面中的位置，可偏左、居中或在右上角等，如图4-10所示。图4-11所示为调整画布大小的效果。

图4-9 "画布大小"对话框

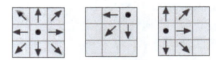

图4-10 不同定位

a)

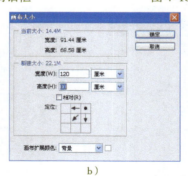
b)

c)

图4-11 调整画布大小的效果

a）原图　b）"画布大小"对话框　c）调整后效果

（4）画布扩展颜色：此选项的下拉列表中可以选择填充图像周围扩展部分的颜色，在列表中可以选择前景色、背景色或Photoshop CS6中的默认颜色，也可以自己调整所需颜色，如图4-12所示，单击"确定"按钮，效果如图4-13所示。

项目四　图像基本操作

图 4-12　设置画布扩展颜色　　　　图 4-13　画布扩展颜色设置效果

任务实现

（1）执行"文件"→"打开"命令，打开素材图像，如图 4-14 所示。执行"图像"→"画布大小"命令，弹出如图 4-15 所示的"画布大小"对话框。

（2）为了只保留图像中间的两只黑天鹅，需要将图像的宽度和高度都进行调整。在"画布大小"对话框适当地调整数据，如图 4-16 所示，就得到图 4-2 的效果图了。

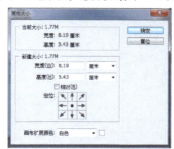

图 4-14　素材文件打开后效果　　　图 4-15　"画布大小"对话框　　　图 4-16　设置画布大小

技能训练

（1）将原有分辨率为 96 像素/英寸的图像（图 4-17）修改为 36 像素/英寸，将图像放大到 300%，如图 4-18 所示；使用"历史记录"将图像恢复到刚刚打开的状态后，再将图像的分辨率修改为 256 像素/英寸，如图 4-19 所示，观察图像清晰度的变化。

（2）通过调整画布大小，将原有图像（图 4-20）调整为如图 4-21 所示的效果。

图 4-17　原图 1

图 4-18　放大到 300% 的效果　　图 4-19　分辨率为 256 像素/英寸的效果　　图 4-20　原图 2　　图 4-21　调整画布大小后效果

31

任务二　利用填充和描边制作绿叶

任务描述

利用填充和描边把图 4-22 所示的素材图像制作为如图 4-23 所示的绿叶效果。

图 4-22　素材图　　图 4-23　参考效果图

理论知识

1. 填充命令

执行"编辑"→"填充"命令，弹出"填充"对话框，如图 4-24 所示。

（1）内容：用于选择填充方式，包括使用前景色、背景色、颜色、图案、历史记录、黑色、50% 灰色、白色进行填充。

> **小技巧**
>
> 按 <Alt+Backspace> 组合键，填充前景色；按 <Ctrl+Backspace> 组合键，填充背景色。

（2）模式：用于设置填充模式。

（3）不透明度：用于调整不透明度。

为某个选区填充颜色的步骤：在图像中绘制选区，执行"编辑"→"填充"命令，在弹出的"填充"对话框中进行设置，效果如图 4-25 所示。

图 4-24　"填充"对话框

图 4-25　为选区填充颜色

a）绘制心形选区　b）"填充"对话框　c）填充后效果

2. 描边命令

执行"编辑"→"描边"命令，弹出"描边"对话框，如图 4-26 所示。

（1）描边：用于设定边线的宽度和边线的颜色。

（2）位置：用于设定所描边线相对于区域边缘的位置，包括内部、居中和居外三个选项。

（3）混合：用于设置描边模式和不透明度。

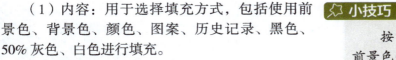

图 4-26　"描边"对话框

任务实现

（1）执行"文件"→"打开"命令，打开素材图片。

（2）选择工具箱中的"魔棒工具"，在魔棒工具设置栏中设置"容差"为 30，选择"连续和"消除锯齿"两个复选框，按下 <Shift> 键的同时，用鼠标左键在叶子以外的区域单击，所有叶子以外的区域选中，如图 4-27 所示。执行"选择"→"反选"命令（或按下 <Shift+Ctrl+I> 键），将叶子以外区域进行反选操作，如图 4-28 所示。

（3）单击工具栏的"设置前景色"，将前景色设置为深绿色，RGB（9，121，22），执行"编辑"→"填充"命令，在弹出的"填充"对话框中设置相应参数，如图 4-29 所示，单击"确定"按钮，得到如图 4-30 所示的绿色叶子。再次执行"编辑"→"填充"命令，在弹出的"填充"对话框中，仍按图 4-29 所示设置参数后单击"确定"按钮，得到如图 4-31 所示的亮绿色叶子。

> **知识链接**
>
> 颜色模式：最后的颜色由基层的明度和混合层的色相和饱和度组成。

（4）执行"编辑"→"描边"命令，弹出"描边"对话框，按图 4-32 所示设置参数，其中描边的颜色值为绿色，RGB（5，111，23），单击"确定"按钮，得到如图 4-33 所示的效果。按 <Ctrl+D> 键取消选区，得到任务描述中要求的绿叶效果。

图 4-27　选中叶子之外的区域　　图 4-28　执行"反选"命令　　图 4-29　"填充"对话框

  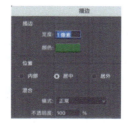 

图 4-30　绿色叶子　　图 4-31　亮绿色叶子　　图 4-32　"描边"对话框　　图 4-33　描边效果

技能训练

通过颜色填充，将图 4-34 的素材图调整为如图 4-35 所示的效果。

图 4-34　素材图　　图 4-35　参考效果图

提示： 可用快速选择工具、填充和描边工具进行操作。

任务三 利用旋转制作礼盒倒影

任务描述

把图 4-36 所示的礼盒复制、旋转，制作出如图 4-37 所示的倒影效果。

图 4-36 礼盒素材图片　　图 4-37 倒影效果

理论知识

1. 移动工具

"移动工具 "可以将选区或者图层移到图像中的不同位置。移动工具的设置栏如图 4-38 所示。

图 4-38 移动工具的设置栏

（1）选中"自动选择"复选框后，只需单击要选择的图像即可自动选中该图像所在的图层，而不必通过"图层"面板来选择某一图层。

（2）选中"显示变换控件"复选框后，将显示选区或者图层不透明区域的边界定位框，通过边界定位框可以对对象进行简单的缩放及旋转的修改，一般用于矢量图形。

（3）对齐链接按钮：该组按钮用于对齐图像中的图层。它们分别与菜单栏中的"图层"→"对齐"子菜单中的命令相对应。

（4）分布链接按钮：该组按钮用于分布图像中的图层。它们分别与菜单栏中的"图层"→"分布"子菜单中的命令相对应。

（5）如果当前图像有选区，则将光标移动到选区内，然后按住鼠标左键拖动，可以将选区内的图像拖动到新的位置，相当于裁切操作。

2. 图像的裁切

如果图像中含有大面积的纯色区域或透明区域，可以应用裁切命令进行操作。原图如图 4-39 所示，选择菜单"图像"→"裁切"命令，弹出"裁切"对话框，在对话框中进行设置，如图 4-40 所示，单击"确定"按钮，效果如图 4-41 所示。

图 4-39 原图　　　　图 4-40 "裁切"对话框　　　　图 4-41 裁切后的效果

（1）透明像素：如果当前图像的多余区域是透明的，则选择此选项。

（2）左上角像素颜色：根据图像左上角的像素颜色，来确定裁切的颜色范围。
（3）右下角像素颜色：根据图像右下角的像素颜色，来确定裁切的颜色范围。
（4）裁切：用于设置裁切的区域范围。

3. 图像画布的变换

图像画布的变换将对整个图像起作用。选择菜单"图像"→"图像旋转"命令，其下拉菜单如图4-42所示。画布变换有多种效果，如图4-43所示。

图4-42 "图像旋转"菜单项

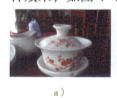    

a）　　　b）　　　c）　　　d）　　　e）　　　f）

图4-43 图像画布的变换效果

a）原图片 b）180度 c）90度（顺时针） d）90度（逆时针） e）水平翻转画布 f）垂直翻转画布

选择"任意角度"命令，弹出"旋转画布"对话框，设置要求如图4-44所示，单击"确定"按钮，画布被旋转，效果如图4-45所示。

图4-44 "旋转画布"对话框　　　图4-45 旋转后效果

4. 图像选区的变换

使用菜单命令变换图像的选区：在操作过程中可以根据设计和制作需要变换已经绘制好的选区。在图像中绘制选区后，选择菜单"编辑"→"自由变换"或"变换"命令，可以对图像的选区进行各种变换。"变换"命令的下拉菜单如图4-46所示。

缩放、旋转选区的步骤：在图像中绘制选区，选择"缩放"命令，拖曳控制手柄，可以对图像选区自由缩放；选择"旋转"命令，旋转控制手柄，可以对图像选区自由旋转，如图4-47所示。

　　　　　　　　　　　　a）　　　　　　　b）　　　　　　　c）

图4-46 "变换"菜单　　　图4-47 缩放、旋转选区

a）绘制选区 b）自由缩放 c）自由旋转

选择"斜切"命令，拖曳控制手柄，可以对图像选区进行斜切调整，如图 4-48 所示。选择"扭曲"命令，拖曳控制手柄，可以对图像选区进行扭曲调整，如图 4-49 所示。选择"透视"命令，拖曳控制手柄，可以对图像选区进行透视调整，如图 4-50 所示。

图 4-48　斜切　　　　　　图 4-49　扭曲　　　　　图 4-50　透视

使用快捷键变换图像的选区：在图像中绘制选区，按住 <Ctrl+T> 组合键，选区周围出现控制手柄，拖曳控制手柄，可以对图像选区自由缩放。按住 <Shift> 键的同时，拖曳控制手柄，可以等比例缩放图像选区。

任务实现

（1）执行"文件"→"打开"命令，打开"礼盒"素材图片。

（2）制作礼盒右侧倒影。

1）在工具箱中选择"多边形套索工具"将礼物盒右侧面选中，如图 4-51 所示。执行"编辑"→"拷贝"命令或者按快捷键 <Ctrl+C>，将礼盒的右侧面复制到剪贴板，再执行"编辑"→"粘贴"命令或者按快捷键 <Ctrl+V>，此时得到一个名为"图层 1"的新图层，单击"背景"图层的👁，让该图层隐藏，效果如图 4-52 所示。单击"背景"图层的▭，让该层显示。

 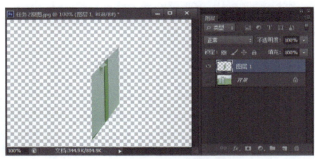

图 4-51　选中右侧面　　　　　图 4-52　粘贴到图层 1 效果

2）选中图层 1，执行"编辑"→"变换"→"垂直翻转"命令或者按快捷键 <Ctrl+T>，然后单击鼠标右键，选择"垂直翻转"命令，效果如图 4-53 所示。

3）选择"移动工具▸✥"，将翻转后的图像向下移动，使其右上角的顶点与背景图层中礼盒右侧面的右下角顶点重合，如图 4-54 所示。继续执行"编辑"→"变换"→"扭曲"命令或者按快捷键 <Ctrl+T>，然后单击鼠标右键，选择"扭曲"命令，通过调整控制手柄，使纸盒的倒影与右侧面贴合，如图 4-55 所示。

4）为图层 1 添加"蒙版▭"（注：前景色为黑色），选择"渐变工具▭"，单击渐变编辑器，选择"黑、白渐变"，如图 4-56 所示，使用"线性渐变▭"在其图像上拉伸，效果如图 4-57 所示。

制作礼盒正面倒影的方法与制作右侧面倒影的方法相同。最终的效果如图 4-37 所示。

图 4-53　垂直翻转效果　　图 4-54　移动后效果　　图 4-55　扭曲后效果

 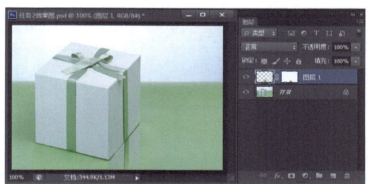

图 4-56　"渐变编辑器"对话框　　图 4-57　右侧面倒影效果

技能训练

为图 4-58 所示的小球加入投影与倒影效果，如图 4-59 所示。

提示： 物体背光的部分会产生投影，在较光亮的面上还会折射出物体的倒影，比如水面、玻璃桌面、大理石地面等。给物体做上阴影和倒影会显得更加真实，有立体感。

（1）复制球体层，将复制的球体移动到适当位置，垂直翻转，稍微模糊一点，降低透明度。倒影制作完成，如图 4-60 所示。

（2）复制一个球体层，放在原球体层下，用快速选取工具选取球体，用扭曲变换工具将其变形，然后填充黑色，高斯模糊，降低透明度，球体的投影完成，如图 4-61 所示。

图 4-58　简单球体　　图 4-59　加入投影与倒影效果　　图 4-60　倒影效果　　图 4-61　投影效果

任务四　利用透视裁剪矫正倾斜和透视变形的照片

任务描述

使用透视裁剪工具将图 4-62（由于在拍照时相机或角度没选择好，出现的倾斜变形照片）调整为如图 4-63 所示的正常照片。

图 4-62　原图

图 4-63　调整后的效果图

理论知识

1. 裁剪工具

裁剪工具用于图像的修剪。裁剪工具的设置栏如图 4-64 所示。

图 4-64　裁剪工具的设置栏

在使用"裁剪工具 "时图形边框会直接显示裁剪工具的按钮和参考线，此时只要根据需要拖动图像边框四周裁剪工具的按钮剪出要保留的区域，然后按键盘上的 <Enter> 键即可完成裁剪操作。

2. 透视裁剪工具

透视裁剪工具用于纠正不正确的透视变形，允许用户使用任意四边形来裁剪画面。

使用"透视裁剪工具 "定义不规则四边形的意义在于，进行裁剪时，软件会对选中的画面区域进行裁剪，还会把选定区域"变形"为正四边形。这就意味着用户可以纠正不正确的变形。比如，原来应该是长方形的墙面，因拍摄时相机倾斜而变成了梯形，此时可以用透视裁剪工具进行纠正。

任务实现

（1）执行"文件"→"打开"命令，打开"变形照片"素材图片，在"图层"面板中双击"背景"图层，将该图层解锁，如图 4-65 所示。

（2）执行"编辑"→"变换"→"透视"命令，调整左上角控制点，拖至大楼与地面垂直位置，如图 4-66 所示，按 <Enter> 键确认，则出现如图 4-63 所示的效果。

图 4-65　解锁背景图层　　　　　　　　　图 4-66　执行"透视"命令

技能训练

使用透视裁剪工具将图 4-67 调整为如图 4-68 所示的效果。

提示：

（1）选择透视裁剪工具后，按下鼠标左键进行拖动，拉出一个裁剪框，如图 4-69 所示。

（2）此时裁剪框周围有几个调整点，而且很人性化地预置了水平和垂直参考线，单击并拖动调整点进行调整，如图 4-70 所示。

（3）在图像上双击鼠标确定即可。

   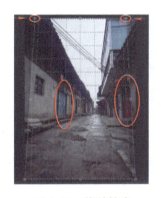

图 4-67　原图　　　　图 4-68　效果图　　　　图 4-69　拉出裁剪框　　　　图 4-70　拖动控点

任务五　利用动作面板给图像加文字

任务描述

在实际工作中，商家经常需要为商品图片成批添加水印、标识或一些特定文字。首先为图 4-71a 素材 1 图像添加特定文字"图像处理技术"和"——Photoshop cs6"，然后利用"动作"面板的播放功能，自动为素材 2 至素材 4 添加同样的文字，最终效果如图 4-72 所示。

图 4-71 素材图

a) 素材 1　b) 素材 2　c) 素材 3　d) 素材 4

图 4-72 效果图

理论知识

一、面板的基本操作

默认情况下，面板是以面板组的形式出现的，主要用于对当前图像的颜色、色板、样式、图层、通道以及路径等进行操作或设置。

1. 打开面板

选择"窗口"菜单，如图 4-73 所示。在下拉菜单中可以看到，如果某个面板已经打开了，则会在前面打上对号（√）标记。单击某个面板命令，会在该命令左侧打上对号标记的同时，打开该面板。如果要关闭该面板，再单击一次该命令，则会在取消对号标记的同时，关闭该面板。

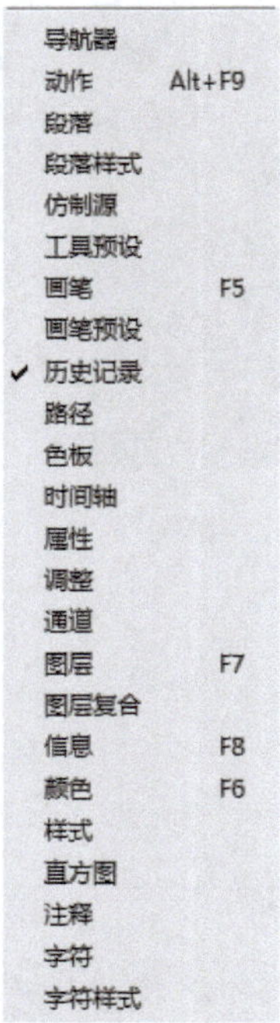

2. 选择面板

在多个面板组中，如果想查看某个面板的内容，可以直接单击该面板的选项卡名称，如图 4-74 所示，即可将该面板设置为当前面板，同时会显示该面板的内容，如图 4-75 所示。

3. 移动面板

将光标放在面板的名称上，如图 4-76 所示，单击并向外拖动到窗口的空白处，释放鼠标，即可将其从面板组或链接的面板组中分离出来，成为浮动面板。拖动浮动面板的名称，可以将它放在窗口中的任意位置。

4. 组合面板

在一个面板的选项卡名称上按住鼠标左键，将其拖动到另一个浮动面板的标题栏上，当另一个面板周围出现蓝色的方框时，松开鼠标左键即可将面板组

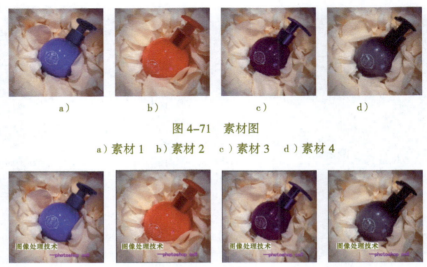

图 4-73 "窗口"菜单中的面板项

合在一起。

5. 折叠或展开面板组

单击面板组右上角的三角形按钮█或按钮█，可进行面板组的折叠或展开。

6. 关闭面板

在面板的标题栏上单击鼠标右键，在弹出的快捷菜单中选择"关闭"命令，可以关闭该面板；选择"关闭选项卡组"命令，可以关闭该面板组。对于浮动面板，单击右上角的█按钮可以将其关闭。

图 4-74　单击"色板"面板的名称　　图 4-75　"色板"成为当前面板　　图 4-76　移动"颜色"面板

二、历史面板

执行"窗口"→"历史记录"命令，打开"历史记录"面板，如图 4-77 所示。

（1）状态：每一动作在"历史记录"面板上占有一格，叫作状态。

（2）快照：打开一个图像文档时，Photoshop 默认设置一个快照。"创建新快照█"按钮可把当前状态作为快照形式保存下来。

（3）单击"从当前状态创建新文档█"按钮，可生成一个新文档，此文档的历史记录由当前的状态开始。

（4）单击"设置历史画笔的源"后，用历史记录画笔在图像中要恢复的区域进行绘制，即可将此处的图像恢复到历史记录面板中指定的状态。

（5）举例：为图 4-78 中的嘴唇加色。

1）打开如图 4-78 所示的图像。

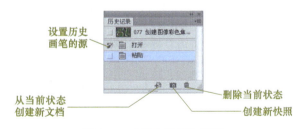 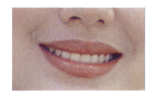

图 4-77　"历史记录"面板　　　　　　　　图 4-78　素材图

2）执行"图像"→"调整"→"色相/饱和度"命令，设置如图 4-79 所示。

3）单击"创建新快照"，并把"快照 1"设定为"设置历史画笔的源"，此时历史记录面板如图 4-80 所示。

4）选择"打开"状态，使之作为当前状态。在工具箱中选择"历史记录画笔工具"，在人物嘴唇处反复涂抹，此过程中，可不断调整"历史记录画笔工具"的不透明度和流量的数值，以达到与边界充分融合的效果，如图 4-81 所示。

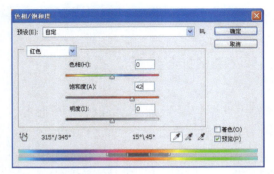 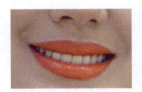

图 4-79 "色相/饱和度"对话框　　图 4-80 "历史记录"建立快照后面板　　图 4-81 效果图

三、动作面板

动作就是一系列命令的组合，实现对图像的批量处理。

执行"窗口"→"动作"命令，打开"动作"面板，如图 4-82 所示。

（1）"动作"面板下方有 6 个按钮，从左到右分别为：停止播放/记录、开始记录、播放、创建新组、创建新动作、删除。

（2）序列、动作、命令：左侧的小三角为 ▼ 时表示已展开，小三角为 ▶ 时表示未被展开。序列被展开后显示动作，动作被展开后显示命令，而命令被展开后显示记录的参数值，形成一种树形层次关系。

（3）对钩号与方框：位于"动作"面板左侧。未标对钩号表示命令集中有些命令未被选中，即在播放动作时不被执行；对钩号右边的方框有 ■ 标记，表示在执行该命令时将会弹出参数设定对话框；没有 ■ 标记表示执行时该命令中的参数设置对话框不弹出，而使用默认参数值。

图 4-82 "动作"面板

（4）动作菜单：单击"动作"面板右上角的三角形图标可弹出动作菜单，通过该菜单可对动作进行载入、新建或删除等操作，大部分操作都能通过面板按钮执行。

（5）下面用一个实例说明动作的创建和应用。

1）新建一个宽 15 厘米、高 15 厘米的 RGB 格式的图像，背景内容为白色，分辨率为 72 像素/英寸。

2）新建图层 1，绘制一椭圆选区，执行"编辑"→"描边"命令，弹出"描边"对话框，设置参数如图 4-83 所示。

3）单击动作面板的"创建新动作"按钮，弹出"新建动作"对话框，设置参数如图 4-84 所示。

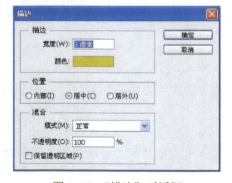 

图 4-83 "描边"对话框　　　　　　图 4-84 "新建动作"对话框

4）复制图层 1，按下 <Ctrl+T> 键弹出如图 4-85 所示的"自由变换工具"选项栏，设置旋转角度为 5 度，其他数字不用设定。

图 4-85 "自由变换工具"选项栏

5）执行"图像"→"调整"→"色相/饱和度"命令，设置参数如图 4-86 所示。
6）单击"动作"面板的"停止播放/记录 ■"按钮，动作录制完成，"动作"面板结果如图 4-87 所示。
7）单击"动作"面板的"播放 ▶"按钮或按 F12 键进行操作，得到如图 4-88 所示的效果。

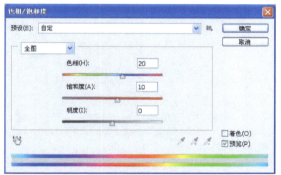

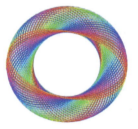

图 4-86 "色相/饱和度"选项框　　图 4-87 "动作"面板结果图　　图 4-88 最后效果图

任务实现

任务实现步骤：

（1）打开素材图片，单击"动作"面板下的"创建新动作"按钮，弹出"新建动作"对话框，如图 4-89 所示。

（2）选择工具箱中的"横排文字工具 ■"，分别输入文字"图像处理技术"和"-photoshop cs6"，建立两个文字图层，并对之执行"图层"→"栅格化"→"文字"命令，"图层"面板如图 4-90 所示。

图 4-89 "新建动作"对话框　　　图 4-90 "图层"面板图

（3）对文字图层分别执行"编辑"→"描边"命令，弹出描边对话框（见图 4-91），其中的参数可根据喜好设定。
（4）水印设计完成后，单击"动作"面板下的"停止播放/记录"按钮。
（5）依次打开其他素材，播放"水印"动作或按"F3"，进行水印的批量处理，即可得到任务描述中所要求的效果图。

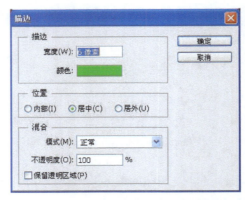

图 4-91 "描边"对话框

技能训练

利用动作、自由变换与色相/饱和度功能制作如图 4-92 所示的效果图。

图 4-92 技能训练效果图

任务六 利用图层制作四格漫画

任务描述

用 Photoshop 创作一幅如图 4-93 所示的四格漫画。

图 4-93 四格漫画

理论知识

图层如同透明的纸，在纸上画出图像，并将它们叠加在一起，就可浏览到图像的组合效果。使用图层可以把一幅复杂的图像分解处理，从而减少图像处理的工作量并降低难度，且通过调整各个图层之间的关系，能够实现更加丰富和复杂的视觉效果。

"图层"菜单和"图层"面板中包含的是用于处理图层的命令，如图层的新建、复制、删除、合并等。"图层"菜单中出现的命令在"图层"面板中几乎都可以找到，用户可以根据习惯进行选用。Photoshop CS6 版本的"图层"菜单和"图层"面板如图 4-94 和图 4-95 所示。

下面以图层菜单为主进行介绍（图层样式、新建填充或调整图层、蒙版会在本书其他项目中详细介绍）。

1. 新建图层

（1）新建图层（快捷键 Shift+Ctrl+N）。执行"图层"→"新建"→"图层"命令（如图 4-96 所示），弹出如图 4-97 所示的"新建图层"对话框。

1）名称：给图层命名。

2）使用前一图层创建剪贴蒙版：创建剪贴蒙版，必须有两个图层，选中上一图层，再执行创建剪贴蒙版的命令。上一图层将以剪贴蒙版方式，作用于下一图层，这个图层可以是带蒙版的调层图层、文字图层、矢量蒙版图层、普通图层。

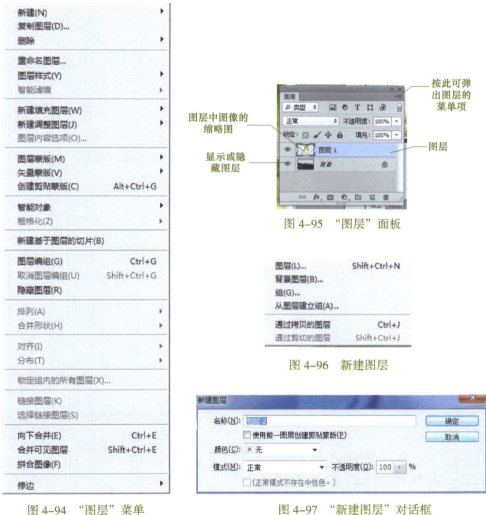

图 4-94 "图层"菜单　　图 4-95 "图层"面板　　图 4-96 新建图层　　图 4-97 "新建图层"对话框

除此之外，还有以下三种创建剪贴蒙版的方法：

① 选中上一图层，执行快捷键 <Ctrl+Alt+G>。

② 选中上一图层，按住 <Alt> 键的同时，将光标移至两个图层之间，光标将变化，再单击即可。

③ 选中上一图层，执行图层菜单的"创建剪贴蒙版"命令。

3）颜色：用于标示图层。当将几个图层合成一个图层时，一个一个找不太方便，就可以此标示一下。

4）模式：设定图层的混合模式。

5）不透明度：设定图层的不透明度，以百分比表示。

另外，也可以通过单击图层面板中的"创建新图层 "按钮新建图层，或单击"图层"面板右上角的 ，在弹出的菜单中选择"新建图层"建立新图层。

（2）新建背景图层。背景图层位于最下面，只有一个，背景图层不能进行移动，也无法更改其透明度。如果需要对背景图层进行操作，需要先对它进行解锁，转换成普通图层。通过执行"图层"→"新建"→"背景图层"，可将背景图层转换为普通图层。

还有一种简便的方法：双击背景图层，就可以直接将背景图层转换为普通图层。

（3）新建组。为了对图层进行管理，可以对图层进行分组，以便于厘清思路。建立组后，将图层选中拖入组中即可。

（4）从图层建立组，可以将选中的图层建为组。

选中图层的方法：按住 <Ctrl> 键，再在"图层"面板单击图层，可以选择多个图层。

（5）通过拷贝的图层和通过剪切的图层：利用选区，执行"图层"→"新建"→"通过拷贝的图层"或"通过剪切的图层"命令，可以快速建立新图层。区别就在于一个是拷贝的，一个是剪切的。

2. 智能对象和智能滤镜

（1）智能对象：保持原有特性，对图层可执行非破坏性编辑。智能对象子菜单如图 4-98 所示。

（2）智能滤镜："滤镜"菜单下有"转换为智能滤镜"功能，应用在智能对象图层上的滤镜就是智能滤镜，图层要使用智能滤镜必须先转换为智能对象图层。

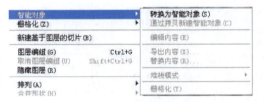

图 4-98　智能对象子菜单

3. 栅格化

栅格化就是把矢量图变为像素图。软件中的很多操作是针对像素图的，对于矢量图不能操作，因此必须先对矢量图栅格化。

4. 合并图层

向下合并：合并当前图层和下一层图层。

合并可见图层：合并所有的可见图层。

拼合图像：将图层拼合。

5. 修边

在抠图完成后，修边用于去除在前景图加入新背景图层后，残留在前景图边缘的黑色或白色或杂色的多余像素。

任务实现

任务实现步骤：

（1）新建文件，如图 4-99 所示。

图 4-99　"新建"对话框

（2）单击图层面板下的"创建新图层"按钮，建立"图层1"。在菜单中选择"视图"→"标尺"，拉出参考线；在工具箱中选择"单行选框工具"，填充黑色，把当前图层划分为四个格。

（3）下面以完成左上格的漫画为例：

选择"自定形状工具"→"形状"→，在"颜色"面板中设置颜色，画出；选择"自定形状工具"→"形状"，结合"自由变换"（快捷键<Ctrl+T>）实现和；选择"横排文字工具"输入相应文字"今晚的月色真好"，最后把这些涉及的图层进行可见图层合并（快捷键为<Shift+Ctrl+E>），这时"图层"面板如图4-100所示，完成效果图如图4-101所示。

图4-100 "图层"面板效果　　　　图4-101 效果图

（4）按照上述方法，依次完成其他三个格的漫画。

技能训练

请根据所学的知识，设计一幅四格漫画。

任务七　利用图层混合模式调出不同的图像效果

任务描述

根据所给的三个素材（图4-102～图4-104），通过设置合适的图层混合模式，实现图4-105所示的效果。

图4-102　素材1　　　图4-103　素材2　　　图4-104　素材3　　　图4-105　效果图

理论知识

图层混合模式决定当前图层中的像素与其下面图层中的像素以何种模式进行混合。图层混合模式是PS最强大的功能之一，在图层、图层样式、画笔、应用图像、计算等诸多地方都能看到它的身影。使用图层混合模式可以帮助我们轻松实现多种特殊效果，图层混合模式的分类如表4-1所示。

表 4-1 图层混合模式分类

模式组别	模式名称	功能
基础型混合模式	正常	利用图层的不透明度及填充不透明度来控制与下面的图像进行混合
	溶解	
降暗图像型混合模式（也称为减色模式）	变暗	清除图像中的亮调图像，从而达到使图像变暗的目的
	正片叠底	
	颜色加深	
	线性加深	
	深色	
提亮图像型混合模式（也称为加色模式）	变亮	用于滤除图像中的暗调图像，从而达到使图像变亮的目的
	滤色	
	颜色减淡	
	线性减淡（添加）	
	浅色	
融合图像型混合模式	叠加	用于不同程度的对上、下两图层中的图像进行融合，此类混合模式还可以在一定程度上提高图像的对比度
	柔光	
	强光	
	亮光	
	线性光	
	点光	
	实色混合	
变异图像型混合模式	差值	用于制作各种变异图像效果
	排除	
	减去	
	划分	
色彩叠加型混合模式	色相	依据图像的色相、饱和度等基本属性，完成图像之间的混合
	饱和度	
	颜色	
	明度	

在学习图层混合模式之前先来明确以下概念：

A 和 B 是两个相邻图层，A 在上方，B 在下方，A 与 B 混合，A 是混合色，B 是基色；A 与 B 混合得到的颜色是结果色。

一、基础型混合模式

1. 正常模式

在正常模式下，"混合色"的显示与不透明度的设置有关。

2. 溶解模式

在溶解模式中，根据像素位置的不透明度，结果色由基色或混合色的像素随机替换。利用溶解模式，可以创建类似于玻璃上霜的效果。

二、降暗图像型混合模式

1. 变暗模式

在变暗模式中，查看每个通道中的颜色信息，并选择基色或混合色中较暗的颜色作为结果色。

2. 正片叠底模式

从基色中减去混合色的亮度值，得到最终的结果色，结果色是较暗的颜色。

因此，任何颜色与黑色混合产生黑色，与白色混合保持不变。用黑色或白色以外的颜色绘画时，绘画工具绘制的连续描边产生逐渐变暗的颜色。

3. 颜色加深模式

通过增加对比度使基色变暗，与白色混合不产生变化。

4. 线性加深模式

查看每个通道中的颜色信息，并通过减小亮度使基色变暗以反映混合色。混合色与基色上的白色混合后将不会产生变化。

5. 深色模式

深色模式是通过计算混合色与基色的所有通道的数值，然后选择数值较小的作为结果色。因此结果色只跟混合色或基色相同，不会产生另外的颜色。白色与基色混合得到基色，黑色与基色混合得到黑色。

三、提亮图像型混合模式

1. 变亮模式

在变亮模式中，查看每个通道中的颜色信息，并选择基色或混合色中较亮的颜色作为结果色。

2. 滤色模式

滤色模式与正片叠底模式正好相反，它将图像的基色与混合色结合起来产生较浅的颜色，即将混合色的互补色与基色复合。结果色总是较亮的颜色。用黑色过滤时颜色保持不变，用白色过滤时将产生白色。

3. 颜色减淡模式

通过减小对比度使基色变亮以反映混合色，这种模式基色上的暗区域都将会消失。与黑色混合不发生变化。

4. 线性减淡（添加）模式

通过增加亮度使基色变亮以反映混合色，与黑色混合不发生变化。

5. 浅色模式

浅色模式等同于变亮模式的结果色，比较混合色和基色的所有通道值的总和，并显示较亮的颜色。浅色模式的结果色不是基色就是混合色。

四、融合图像型混合模式

1. 叠加模式

以基色为中心的叠加模式，基色的原始图像始终占据主导地位。混合色的图像至多能影响图像的饱和度。

2. 柔光模式

柔光模式会产生一种柔光照射的效果，使颜色变亮或变暗，具体取决于混合色。如果混合色（光源）比 50% 灰色亮，则图像变亮；如果混合色（光源）比 50% 灰色暗，则图像变暗。用黑色或白色绘画会产生明显较暗或较亮的区域，但不会产生黑色或白色。

3. 强光模式

强光模式产生一种强光照射的效果。如果混合色比基色的像素更亮一些，那么结果色将更亮；如果混合色比基色的像素更暗一些，那么结果色将更暗。这种模式实质上同柔光模式是一样的，只是它的效果要比柔光模式更强烈一些。

4. 亮光模式

通过增加或减小对比度来加深或减淡颜色，具体取决于混合色。如果混合色（光源）比 50% 灰色亮，则通过减小对比度使图像变亮；如果混合色比 50% 灰色暗，则通过增加对比度使图像变暗。

5. 线性光模式

通过减小或增加亮度来加深或减淡颜色，具体取决于混合色。如果混合色（光源）比 50% 灰色亮，则通过增加亮度使图像变亮；如果混合色比 50% 灰色暗，则通过减小亮度使图像变暗。

6. 点光模式

点光模式其实就是替换像素，具体取决于混合色。如果混合色比 50% 灰色亮，则替换比混合色暗的像素；如果混合色比 50% 灰色暗，则替换比混合色亮的像素。

7. 实色混合模式

将混合色的红色、绿色和蓝色通道值添加到基色的 RGB 值。如果通道的结果总和大于或等于 255，则值为 255；如果小于 255，则值为 0。因此，在实色混合模式下，只有 8 种纯色——三原色（红、绿、蓝）、三补色（黄、青、洋红）及黑白。

五、变异图像型混合模式

1. 差值模式

从基色中减去混合色，或从混合色中减去基色，具体取决于哪一个颜色的亮度值更大。与白色混合将反转基色值，与黑色混合则不产生变化。

2. 排除模式

排除模式与差值模式相似，但比用差值模式获得的颜色更柔和、更明亮一些。建议在处理图像时，首先选择差值模式，若效果不够理想，再选择排除模式。

3. 减去模式

从基色中减去混合色，如果出现负数就归为零。与基色相同的颜色混合得到黑色，白色与基色混合得到黑色，黑色与基色混合得到基色。

4. 划分模式

用基色分割混合色。基色数值大于或等于混合色数值，混合出的颜色为白色。基色数值小于混合色，结果色比基色更暗。

六、色彩叠加型混合模式

1. 色相模式

用混合色的色相以及基色的亮度和饱和度创建结果色。

2. 饱和度模式

用混合色的饱和度以及基色的亮度和色相创建结果色。

3. 颜色模式

用混合色的色相和饱和度以及基色的亮度创建结果色。

4. 明度模式

用混合色的亮度以及基色的色相和饱和度创建结果色。

任务实现

（1）新建一个文件，高与宽都是 11 厘米，分辨率为 300 像素 / 英寸，颜色模式为 RGB 颜色，背景内容为白色。

（2）在背景图层上填充颜色（227，135，5）。

（3）打开素材 1，复制粘贴到建好的文件中，产生图层 1。按 <Ctrl+T>，再按住 <Shift> 键，把图层 1 按比例拖小一点儿，露出四周的背景色来，如图 4-106 所示。

（4）选中图层 1，设置为正片叠底模式，如图 4-107 所示。

（5）打开素材 2，复制粘贴到文件中，产生图层 2，并设置图层 2 的混合模式为"正片叠底"，如图 4-108 所示。

（6）打开素材 3，复制粘贴到文件中，产生图层 3，如图 4-109 所示。

（7）按 <Ctrl+T>，把它放大到与文件一样大小。按住 <Alt> 键，拉它的边线，使两边同时变大变小。按 <Ctrl+I>，反相，成为中间黑色，四周白色。把图层 3 的混合模式改成"滤色"，效果如图 4-110 所示。

图 4-106　图层 1 示例图　　图 4-107　图层 1 应用正片叠底模式　　图 4-108　图层 2 应用正片叠底模式　　图 4-109　图层 3 示例　　图 4-110　最后效果图

技能训练

收集相关图片素材，利用所学知识，实现类似如图 4-111 所示的效果。

图 4-111　参考效果图

Project 5

项目五

工具箱的使用

项目导读

工具箱是学习 Photoshop 软件的重点内容,其中涉及的工具有 20 多个。工具箱的工具分为三组:选择工具组、着色编辑工具组和专用工具组,每个工具都有相应的工具参数设置栏,还有一些常用的快捷键。本项目要求学习者掌握每个工具的使用条件、工具栏中参数的设定,以及操作方法,还有常用快捷键也需要记忆,学习量比较大,这就更需要学习者的勤奋、耐心和专注。

本项目所有知识点的学习以任务的方式给出,任务的实现步骤仅仅起到抛砖引玉的作用,建议在完成每个任务的过程中,通过调整不同的参数,提高对细节的要求,尽量追求结果的完美。有些任务的实现方式有多种,鼓励学习者从不同的路径实现结果。

知识目标

◎ 了解选区、羽化、透明度、对比度等名词的含义。
◎ 理解工具箱中各类工具的适用条件。

能力目标

◎ 能够使用工具箱中的各类工具绘制图形、处理图像。
◎ 能够简单地使用"图层混合模式"及滤镜实现特效。

任务一　利用椭圆选框工具制作奥迪标志

任务描述

利用椭圆选框工具绘制如图 5-1 所示的奥迪标志。

图 5-1　绘制的奥迪标志

理论知识

选区，也称选取范围，编辑只对选区内的图像有效，获得选区的方法很多，有矩形选框工具、套索工具、魔棒工具、色彩选择工具等。

选框工具集一共包含四个选取工具，分别是"矩形选框工具""椭圆选框工具""单行选框工具"和"单列选框工具"，如图 5-2 所示。

图 5-2　选框工具集

1. 矩形选框工具

使用矩形选框工具可以确定一个矩形选区，其工具设置栏如图 5-3 所示。若需要绘制正方形/圆形选区，则需要在按住 <Shift> 键的同时，按住左键移动鼠标；若需要从中心点开始绘制规则选区，则需按住 <Alt> 键，左键单击选区的中心作为起点后，按住左键移动鼠标。

图 5-3　矩形选框工具的设置栏

（1）选区的编辑。

1）新建选区■：用于创建一个新的选区。

2）添加到选区■：是在已经建立的选区之外再加上其他的选区范围。首先使用矩形选框工具拖出一个矩形选区，然后在矩形选框工具的设置栏中单击■按钮，或者在按住 <Shift> 键的同时用此工具拖出一个矩形选区，此时，所用工具的右下角出现了"+"形符号，松开鼠标后所得到的结果是两个选择区域的并集，如图 5-4 和图 5-5 所示。

3）从选区减去■：用于从已经建立的选区中减去一部分。首先使用矩形选框工具拖出一个矩形选区，然后在矩形选框工具的设置栏中单击■按钮，或者在按住 <Alt> 键的同时用此工具再拖出一个矩形选区,此时,所用工具的右下角出现了一个"–"形符号,松开鼠标后所得到的结果是第 1 个选区减去其与第 2 个选区交集余下的部分,如图 5-6 和图 5-7 所示。

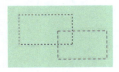  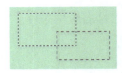 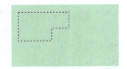

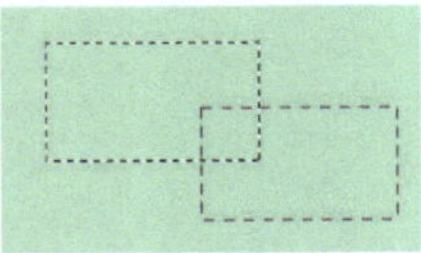

图 5-4　创建两个选区 1 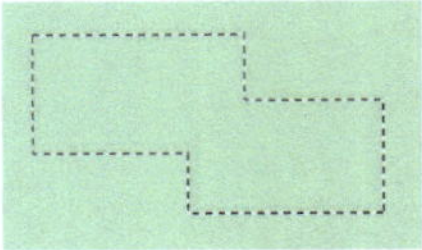　　图 5-5　添加到选区的效果 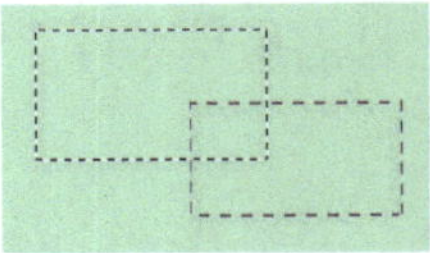　　图 5-6　创建两个选区 2 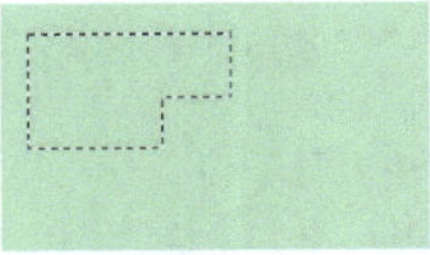　　图 5-7　从选区减去的效果

4)与选区交叉■:用于保留两个选区的重叠部分。首先使用矩形选框工具拖出一个矩形选区,然后在矩形选框工具的设置栏中单击■按钮,或者按住 <Alt+Shift> 键,再用此工具拖出一个矩形选区,此时,所用工具的右下角出现了一个"X"形符号,松开鼠标后所得到的结果是两个选区的重叠部分,如图 5-8 和图 5-9 所示。

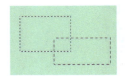 

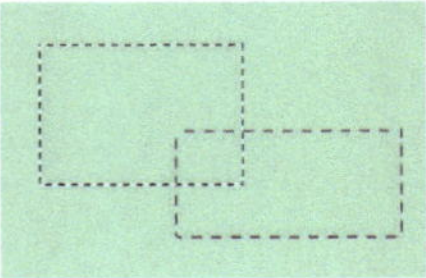

图 5-8　创建两个选区 3 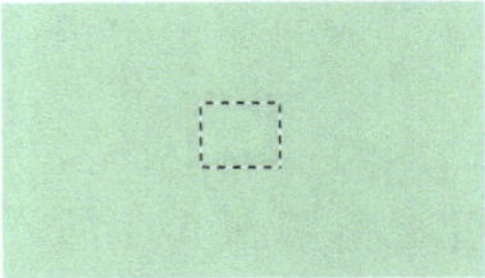　　　　　图 5-9　与选区交叉的效果

(2)"羽化"选项。"羽化"用于对选区的边缘做软化处理,其对图像的编辑在选区的边界产生过渡。"羽化"值的范围为 0 ~ 250,数值越大,"羽化"效果越明显,选区的边界也就越模糊,如图 5-10 所示。当选区内的有效像素小于 50% 时,图像上不再显示选区的边界线。

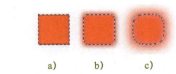

图 5-10　设置不同的"羽化"值的效果比较

a)羽化值 =0　b)羽化值 =5　c)羽化值 =10

(3)样式。

1)正常:可以任意确定选区的选择范围。

2)固定比例:用输入数值的形式确定选择范围的长宽比。

3)固定大小:用输入数值的形式精确设定选择范围的长与宽。

2. 椭圆选框工具

与矩形选框工具类似,椭圆选框工具设置栏只多了一个"消除锯齿"复选框,如图 5-11 所示。

图 5-11　椭圆选框工具的设置栏

当勾选"消除锯齿"复选框后,Photoshop 会对所选图像的边缘像素进行自动补差,使其边缘上相邻的像素点之间的过渡变得更柔和,如图 5-12 所示。这一功能在剪切、复制和粘贴选区、创建复合图像时非常有用。

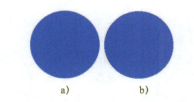

图 5-12　使用"消除锯齿"功能前后对比

a)消除锯齿　b)不消除锯齿

3. 单行 / 单列选框工具

选择单行 / 单列选框工具,在画面上单击就可以将选区定义为一个像素的行或者列,其实也是一个矩形框,但这个矩形框只有一个像素高或宽,如图 5-13、图 5-14 所示。

项目五　工具箱的使用

图 5-13　单行选框工具使用效果

图 5-14　单列选框工具使用效果

任务实现

（1）新建文件，用于绘制奥迪标志。执行"文件"→"新建"命令，在弹出的对话框中设置名称为"奥迪"、背景内容为白色，并设置好其他参数，如图 5-15 所示，单击"确定"按钮，新建一个文件。

（2）在"图层"窗口中单击"新创建图层　"，创建名为"图层 1"的新图层，如图 5-16 所示，选择"椭圆选框工具　"，在图层 1 中按住 <Shift> 键画正圆，如图 5-17 所示。

图 5-15　"新建"对话框

图 5-16　新建图层 1　　图 5-17　在图层 1 中绘制正圆

（3）将前景色设为黑色，即 RGB（0，0，0），然后在工具栏中选择"油漆桶工具　"，对图层 1 中的圆形进行填充，如图 5-18 所示。

（4）在"图层"面板中用鼠标右键单击图层 1，在弹出的快捷菜单中选择"复制图层"菜单项，创建图层 1 副本，如图 5-19 所示。

（5）选择图层 1 副本层中的圆形，将前景色设为白色，即 RGB（255，255，255），然后在工具栏中选择"油漆桶工具　"，对图层 1 副本层中的圆形进行填充。执行"编辑"→"自由变换"命令，然后按住 <Shift> 键调整圆形至适当大小后，移动到合适的位置，如图 5-20 所示。

图 5-18　将圆形填充为黑色

图 5-19　创建图层 1 副本

图 5-20　将白色的圆形调整到合适的大小

（6）按 <Ctrl+E> 键向下合并图层，选择工具箱中的"魔棒工具 "，在工具设置栏中设置"容差"为 1，用鼠标左键单击白色的圆，使其被选中，按下 <Delete> 键将选区删除，得到一个圆环，如图 5-21 所示。按 <Ctrl+D> 取消选择。

图 5-21　得到圆环

（7）选择工具箱中的"魔棒工具 "，在工具设置栏中设置"容差"为 1，用鼠标左键单击黑色的圆环，使其被选中，按下 <Ctrl+C> 键将圆环复制到剪贴板，再连续按下三次 <Ctrl+V> 键，分别把三个黑色的圆环复制到图层 2、图层 3 和图层 4 中，移动四个黑色圆环到合适的位置，得到奥迪标志的轮廓，如图 5-22 所示。按 <Shift+Ctrl+E> 键合并可见图层为"图层 1"。

（8）为了使奥迪标志呈现出金属色及立体感，需要为图层 1 设置浮雕及渐变叠加等样式。在"图层"面板中单击"添加图层样式 "按钮，在"斜面和浮雕""描边"及"渐变叠加"对话框中分别设置相应参数，如图 5-23～图 5-25 所示。设置完成后，奥迪标志就制作完成了。

> **小技巧**
>
> 结合 <Shift> 键调整图形的作用：调整后的图形为正圆或正方形。

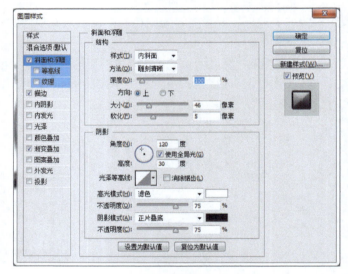

图 5-22　奥迪标志的轮廓　　　　　图 5-23　"斜面和浮雕"对话框

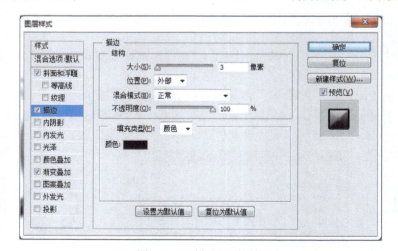

图 5-24　"描边"对话框

项目五 工具箱的使用

图 5-25 "渐变叠加"对话框

技能训练

利用"椭圆选框工具",绘制如图 5-26 所示的图案。
提示: 利用几个不同大小的正圆选区,给图案填充颜色。

图 5-26 效果图

任务二　通过调整图像曲线突出怒放的睡莲

任务描述

把图 5-27 的睡莲图片制作出如图 5-28 所示的突出效果。要想实现这一效果,需要先用工具把睡莲选中,再将图像反选,使用"图像"→"调整"→"曲线"菜单进行设置。

图 5-27 睡莲图片

图 5-28 突出处理后的睡莲图片

理论知识

快速选择与魔棒工具集一共有两个工具,分别是"快速选择工具"和"魔棒工具",如图 5-29 所示。

图 5-29 快速选择与魔棒工具集

(1)"快速选择工具 "通过单击或拖动创建选区。拖动时,选区会向外扩展并自动查找和跟随图像中定义的边缘。该工具的设置栏如图 5-30 所示。快速选择工具是智能的,它比魔棒工具更加直观和准确。

(2)"魔棒工具 "是基于图像中相邻像素的颜色值近似程度进行选择的,对于一些色彩

57

界线比较明显的图像,魔棒工具可以自动获取附近区域相同的颜色,并使它们处于选择状态。魔棒工具的设置栏如图5-31所示。

图5-30　快速选择工具的设置栏

图5-31　魔棒工具的设置栏

1)取样大小:是取样点像素的大小,1×1就是1个像素那么大,3×3就是9个像素那么大。

2)容差:相邻像素间的颜色范围,其数值为0～255。容差越大,选择的区域也就相对越大,如图5-32所示。

图5-32　魔棒工具在不同容差值下对图像做不连续选择的结果

a)容差:10　b)容差:32　c)容差:50

3)连续:选择该复选框可以将图像中连续的像素选中,否则可将连续和不连续的像素一并选中。

4)对所有图层取样:选择该复选框,魔棒工具将对所有可见图层起作用。

任务实现

(1)执行"文件"→"打开"命令,打开素材图片。双击"背景"图层名称,将该图层解锁,此时图层自动更名为"图层0",如图5-33所示。

(2)选择工具箱中的"快速选择工具",不松开鼠标,在区域内拖动,直到整朵睡莲被选中,如图5-34所示。

(3)执行"选择"→"反选"命令(或按<Shift+Ctrl+I>键),将图像进行反选操作,如图5-35所示。

图5-33　将背景图层解锁为图层0　　图5-34　整朵睡莲被选中　　图5-35　执行"反选"效果

(4)执行"图像"→"调整"→"曲线"命令,在弹出的"曲线"对话框中设置参数,如

图 5-36 所示，单击"确定"按钮，按下 <Ctrl+D> 键取消选区，即可得到突出效果。

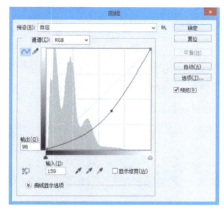

图 5-36　设置曲线

> ☆ **小技巧**
>
> 曲线对话框中的对角线表示调整前选区内图像的明暗度，向下可以使选区内的图像变暗。

技能训练

利用魔棒工具和填充工具，实现树叶颜色变换，素材图和效果参考图如图 5-37 和图 5-38 所示。

　　图 5-37　素材图　　　　　图 5-38　效果参考图

提示：利用魔棒工具选择白色，然后反选，选择叶子部分；再执行"编辑"→"填充"命令，在"填充"对话框中设定模式为颜色模式，并设定合适的不透明度。

任务三　利用磁性套索工具制作傍晚火烧云效果

任务描述

将图 5-39 所示的风景照片，与准备好的火烧云图片（如图 5-40 所示）进行叠加，通过改变图层的透明度使火烧云逼真地贴入原有的风景图片中，最终效果如图 5-41 所示。

　图 5-39　原图　　　　　图 5-40　火烧云图片　　　　图 5-41　效果图

理论知识

套索工具集一共包含三个工具，分别是"套索工具""多边形套索工具"和"磁性套索工具"，如图 5-42 所示。

图 5-42　套索工具集

套索工具可以选择任意形状的区域，一般来说，该工具不适用于选择复杂的图像区域，它更多的是用于圈出一个边缘不精确的局部，以便对其调整、修饰。

多边形套索工具可以用来创建多边形选择区域，适用于选择直线主体。

磁性套索工具可以在拖动鼠标的过程中自动捕捉图像中物体的边缘，以创建选择区域，其设置栏如图 5-43 所示。

图 5-43　磁性套索工具设置栏

（1）羽化：要精确抠图时需要将羽化设为 0。

（2）宽度：设定套索的探测范围，取值在 1～256 之间。取值越大，磁性越强，虽然鼠标指针偏离了主体边缘，但锚点仍然落在边缘上。如果取值为 1，就和普通套索差不多了。

（3）对比度：设定磁性套索的敏感度，取值在 1%～100% 之间，这是最重要的选项。如果主体与背景有精确的边缘，可取值较高，反之则较低。遇到与背景差别较小的边缘，鼠标拖动要慢。

（4）频率：自动生成锚点的密度，取值在 0～100 之间。取值越大，精度越高。一般都选取后者，取值 100。

需要注意的是，无论使用哪种套索工具，都不要在一个位置上双击，因为双击会使首尾自动相连，形成选区。

任务实现

（1）执行"文件"→"打开"命令，打开素材图片。双击"背景"图层名称，将该图层解锁，此时图层自动更名为"图层 0"。

（2）选择工具箱中的"磁性套索工具"，在工具设置栏中设置"羽化"为 0，选择"消除锯齿"复选框，设置宽度为 150 像素、对比度为 30%、频率为 100，选择图中天空的部分，如图 5-44、图 5-45 所示。

（3）执行"文件"→"打开"命令，打开火烧云图片。执行"选择"→"全部"命令（或按 <Ctrl+A> 键），将该图像全部选中，执行"编辑"→"拷贝"命令（或按 Ctrl+C 键）。

（4）回到原图图像，执行"编辑"→"选择性粘贴"→"贴入"命令，此时火烧云图像被粘贴到选区范围内，而选区以外的部分被遮挡，此时会在"图层"面板中产生一个新的图层——"图层 1"及其蒙版。使用"移动工具"选中火烧云，将其拖动到合适的位置，效果如图 5-46 所示。

图 5-44　用磁性套索工具套住天空区域

图 5-45　将天空选中

图 5-46　贴入火烧云后的效果

（5）此时，树木及房屋与背景结合处有白色边缘，为了解决这个问题，需要选择"画笔工具 "，并选择一个柔化笔尖，然后确定前景色为白色，当前图层为蒙版图层，可使用灰度色的画笔在树冠及房屋屋顶部分进行涂抹处理，以使树木及房屋与火烧云图层结合得更好，如图 5-47 所示。

> **小技巧**
>
> 蒙版图层的颜色只有黑白灰，黑色表示火烧云图片 100% 透明，完全显示背景图片。

图 5-47 用画笔修饰树冠及屋顶后效果

（6）制作水中倒影效果。选择工具箱中的"多边形套索工具 "，在工具设置栏中设置"羽化"为 0，选择"消除锯齿"复选框，选择河水的部分，如图 5-48 所示。

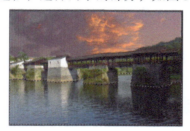

图 5-48 创建河水的选区

（7）执行"编辑"→"选择性粘贴"→"贴入"命令，将火烧云图像粘贴到河水选区范围内，此时会在"图层"面板中产生一个新的图层——"图层 2"及其蒙版，如图 5-49 所示。

图 5-49 将火烧云贴入河水选区后效果

（8）执行"编辑"→"变换"→"垂直翻转"命令，将刚刚贴入河水的火烧云翻转，接着使用移动工具将翻转后的火烧云拖动到合适的位置，使其成为天空中火烧云的倒影。将倒影图层（图层2）设置为当前图层，在"图层"面板中将图层的"不透明度"设置为"50%"，效果如图5-50所示。

图 5-50　设置图层的"不透明度"为 50% 的效果

技能训练

利用磁性套索等工具把合适的图片粘贴入选区，素材图和参考效果图如图 5-51 和图 5-52 所示。

图 5-51　素材图　　　　图 5-52　参考效果图

提示： 利用磁性套索工具选择选区，再选择一个图片，复制后粘贴入选区。

任务四　利用画笔工具修复图片

任务描述

使用画笔工具将图 5-53 所示的旧照片进行修复，修复后的效果如图 5-54 所示。

图 5-53　原始图片　　　　图 5-54　修复后的图片

理论知识

修复工具集一共包含五个工具，分别是"污点修复画笔工具""修复画笔工具""修补工具""内容感知移动工具"和"红眼工具"，如图 5-55 所示。

图 5-55　修复工具集

1. 污点修复画笔工具

污点修复画笔工具的设置栏如图 5-56 所示。使用污点修复画笔工具将样本区域的纹理、光照、透明度及阴影与所要修复的区域相匹配，从而能快速处理照片中的污点和其他不理想部分。在使用该工具时，需要在设置栏上先选一个比要修复区域稍大一些的画笔笔尖，在要处理污点的位置单击或拖动即可去除污点。

> **小提示**
>
> 图片中人脸上的痣、黑点和商品的一些小瑕疵等一般用污点修复画笔工具。

图 5-56　污点修复画笔工具的设置栏

2. 修复画笔工具

修复画笔工具的设置栏如图 5-57 所示。使用该工具可使需要修复的内容自然融入周围的图像，并保持其纹理、亮度和层次。

该工具的使用和仿制图章工具类似，都是先按住 \<Alt\> 键，单击鼠标采集取样点，然后进行复制或者填充图案。

图 5-57　修复画笔工具的设置栏

3. 修补工具

修补工具可以从图像的其他区域取样来修补当前选中的区域，和修复画笔工具类似的是，在修复的同时也保留了图像原有的纹理、亮度和层次，其设置栏如图 5-58 所示。

> **小技巧**
>
> 修补工具的"源"和"目标"操作方法相反。

图 5-58　修补工具的设置栏

（1）源：选中该单选钮，则原来圈选的区域的内容被移动到的区域内容所替代。
（2）目标：选中该单选钮，则需要将目标选区拖动到需要修补的区域。

4. 内容感知移动工具

内容感知移动工具的设置栏如图 5-59 所示。使用该工具时，需要先选出需要移动的图像区域，然后在内容感知移动工具的设置栏中将模式设为"移动"，用鼠标按下并拖动选区到目标位置，松开鼠标后，选区的图像会与新的背景自动融合，如图 5-60、图 5-61 所示。

图 5-59　内容感知移动工具的设置栏

图 5-60　将房屋设为选区　　　　　图 5-61　使用内容感知移动工具效果

5. 红眼工具

使用红眼工具可移去闪光灯拍摄的照片中人或动物的红眼，或者是动物眼睛的白色或绿色的光。使用该工具时，在需要处理的红眼位置单击，即可去除红眼。该工具的设置栏如图 5-62 所示。使用红眼工具前后的图片对比如图 5-63 和图 5-64 所示。

图 5-62　红眼工具设置栏

图 5-63　需要处理的红眼照片　　　　图 5-64　处理后的效果

任务实现

（1）执行"文件"→"打开"命令，打开原始图像。在"图层"面板中，将"背景"图层拖曳至"图层"面板中的"创建新图层 ▇"按钮，得到"背景拷贝"图层，"图层"面板状态如图 5-65 所示。

（2）单击工具栏的"缩放工具 ▇"后，鼠标变为"+"放大镜（或按 <Ctrl++> 键），将图像放大至合适比例。选择工具箱中的"修补工具 ▇"，在其设置栏中选择"源"单选钮，圈中照片中有划痕的污点区域拖向邻近的干净区域，如图 5-66 所示。使用同样的方法修复其他区域直到得到比较满意的图像。

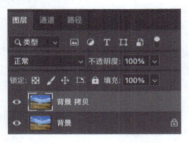 

图 5-65　创建背景图层副本　　　　图 5-66　使用修补工具

技能训练

请将图 5-67 中"雅趣"石上面的涂画文字修复。

图 5-67　需要修复乱涂乱画的石头

任务五 利用画笔工具和橡皮擦工具制作风景插画

任务描述

利用画笔工具绘制如图 5-68 所示的风景插画。

图 5-68 风景插画

理论知识

一、画笔工具

画笔工具集一共包含四个工具，分别是"画笔工具""铅笔工具""颜色替换工具"和"混合器画笔工具"，如图 5-69 所示。

1. 画笔工具

使用"画笔工具 "可以绘制出边缘柔和的效果，画笔的颜色为工具箱中的前景色，在画布上拖动鼠标就可以任意绘制出边缘柔和的线条，配合 <Shift> 键可绘制直线。其设置栏如图 5-70 所示。

图 5-69 画笔工具集　　　　　图 5-70 画笔工具的设置栏

（1）画笔预设选取器。

使用画笔预设选取器可设置画笔的大小和形态。单击画笔预设选取器右侧的三角箭头（ ），弹出的画笔调节窗口，在其中可以设置画笔的大小、硬度和基本形态；单击窗口右上角的小齿轮图标可弹出画笔预设快捷菜单，如图 5-71 所示。

1）大小：通过拖动滑块或直接在文本框中输入数值来确定画笔的大小。

2）硬度：设置画笔边缘的柔化程度，数值越高，画笔边缘越清晰。

画笔预设快捷菜单，用于改变画笔预设的显示方法、删除画笔、创建新画笔、改变画笔的名称，还可以调用 Photoshop CS6 提供的其他画笔预设，或是载入用户由其他途径获得的画笔预设。

（2）画笔预设面板。

使用画笔预设面板可调整画笔的姿态。选中一个绘画工具，单击画笔设置工具栏中的"画笔预设 "按钮，便可弹出"画笔预设"面板，如图 5-72 所示。画笔预设面板中提供了多种画笔形态，单击即可选取所需的画笔。利用这些画笔可以创建出形态各异的特殊图案。

1）"画笔笔尖形状"选项。

在画笔窗口中重新选择一个普通的圆形画笔后，单击选择"画笔预设"→"画笔笔尖形状"，修改调板中的选项可改变画笔大小、角度、硬度、间距等属性。

① 大小：控制画笔大小。直接在文本框中输入数值，或是拖动滑块即可调节。

② 翻转 X/ 翻转 Y：水平翻转画笔 / 垂直翻转画笔。

③ 角度：用于定义画笔长轴的倾斜角度，可以直接输入角度，或是用鼠标拖动右侧预览图中的水平轴或垂直轴来改变倾斜角度。图 5-73 是角度分别为 0°和 90°时的画笔比较。

④ 圆度：定义画笔短轴和长轴之间的比率。可以直接输入百分比，或在预览框中拖动两个黑色的节点。100%时为圆形画笔，0%时为线性画笔，介于两者之间的值创建椭圆画笔。图5-74是圆度分别为10%和100%时的画笔比较。

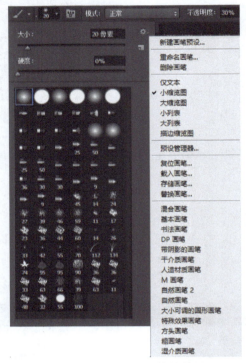

图 5-71　画笔预设快捷菜单

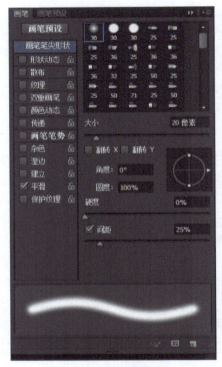

图 5-72　画笔预设面板

图 5-73　不同角度的画笔比较

a）角度为 0°　　b）角度为 90°

图 5-74　不同圆度的画笔比较

a）圆度为 10°时的画笔　　b）圆度为 100°时的画笔

⑤ 硬度：用于设置所画线条边缘的柔和程度，图5-75是硬度分别为30%和100%时的画笔比较。

⑥ 间距：表示画笔标志点之间的距离，图5-76是间距分别为1%和100%时的画笔比较。

图 5-75　不同硬度的画笔比较

a）硬度为 30% 时的画笔　　b）硬度为 100% 时的画笔

图 5-76　不同间距的画笔比较

a）间距为 1% 时的画笔　　b）间距为 100% 时的画笔

2）画笔的 12 种整体形态。

画笔预设面板中提供了12类选项，用于改变画笔的整体形态。

① 形状动态：该选项用来增加画笔的动态效果，如图5-77所示。其中，"大小抖动"用来控制笔尖动态大小的变化，如图5-78所示；"控制"下拉列表包括"关""渐隐""钢笔压力""钢笔斜度"和"光笔轮"等选项，图5-79是将"控制"设置为"渐隐"，"最小直径"

设置为"0%"时的画笔形状。

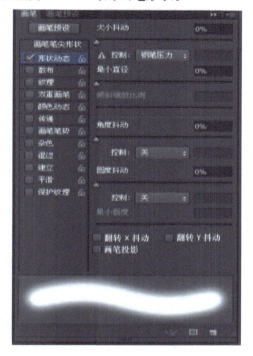

图 5-77 "形状动态"选项　　　　图 5-78 "大小抖动"效果　　图 5-79 "渐隐"效果

② 散布：用来决定绘制线条中画笔标记点的数量和位置，如图 5-80 所示。其中，"散布"用来指定线条中画笔标记点的分布情况，可以选择两轴同时散布；"数量"用来指定每个空间间隔中画笔标记点的数量；"数量抖动"用来定义每个空间间隔中画笔标记点的数量变化。

③ 纹理：可以将纹理叠加到画笔上，产生在纹理画面上作画的效果，如图 5-81 所示。其中，"反相"用来使纹理成为原始设定的相反效果；"缩放"用来指定图案的缩放比例；"为每个笔尖设置纹理"用来定义是否对每个画笔标记点都分别进行渲染；"模式"用来定义画笔和图案之间的混合模式；"深度"用来定义画笔渗透到图案的深度，当深度为"100%"时只有图案显示，当深度为"0%"时只有画笔的颜色，图案不显示；"最小深度"用来定义画笔渗透图案的最小深度；"深度抖动"用来定义画笔渗透图案的深度变化。

④ 双重画笔：用于使用两种笔尖效果创建画笔，如图 5-82 所示。其中，"模式"用来定义原始画笔和第 2 个画笔的混合方式；"大小"用来控制第 2 个画笔笔尖的大小；"间距"用来控制第 2 个画笔所在线条中标记点之间的距离；"散布"用来控制第 2 个画笔在所画线条中的分布情况；"数量"用来指定每个空间间隔中第 2 个画笔标记的数量。

⑤ 颜色动态：用来决定在绘制线条的过程中颜色的动态变化情况。"前景/背景抖动"用于定义绘制的线条在前景色和背景色之间的颜色动态变化；"色相抖动"用于定义画笔绘制线条的色相的动态变化范围；"饱和度抖动"用于定义画笔绘制线条的饱和度的动态变化范围；"亮度抖动"用于定义画笔绘制线条的亮度的动态变化范围；"纯度"用于定义颜色的纯度。

⑥ 传递：用来添加自由随机效果，对于软边的画笔效果尤为明显。

⑦ 画笔笔势：用来以画笔倾斜和压力的方式来绘制图形。

⑧ 杂色：用来给画笔添加噪波效果。

⑨ 湿边：可以给画笔添加水笔效果。

⑩ 建立：可以使画笔模拟传统的喷枪效果，使图像有渐变色调的效果。
⑪ 平滑：可以使绘制的线条产生更流畅的曲线。
⑫ 保护纹理：可以对所有的画笔执行相同的纹理图案和缩放比例。

 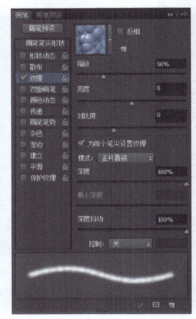 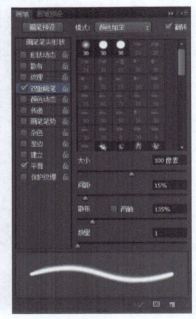

图 5-80 "散布"选项　　　图 5-81 "纹理"选项　　　图 5-82 "双重画笔"选项

（3）模式：用来定义画笔与背景的混合模式。Photoshop 中有 6 组 29 种混合模式。图 5-83 所示为将红色用不同的混合模式作用到原图上的效果。

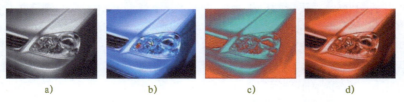

图 5-83　原图混合模式效果图
a）原图　b）混合模式为饱和度　c）混合模式为排除　d）混合模式为叠加

（4）不透明度：用于设置画笔工具所绘颜色的不透明度（取值范围为 1%～100%），值为 100% 时直接绘制前景色，数值越低，前景色透明程度越强。

（5）流量：控制画笔作用到图像上的颜色浓度，流量越大产生的颜色深度越强，其数值为 1%～100%。

2．铅笔工具

使用"铅笔工具　"可以绘制出硬边的线条，其设置栏如图 5-84 所示。

图 5-84　铅笔工具的设置栏

自动抹除：如果使用铅笔工具所绘线条的起点使用的是工具箱中的前景色，铅笔工具将和橡皮擦工具类似，将前景色擦除至背景色；如果使用的是工具箱中的背景色，铅笔工具会和绘图工具一样使用前景色绘画；当使用铅笔工具所绘线条起点的颜色与前景色和背景色都不相同时，铅笔工具也是使用前景色绘图。

二、橡皮擦工具集

橡皮擦工具集一共包含三个工具，分别是"橡皮擦工具""背景橡皮擦工具"和"魔术橡皮擦工具"，如图 5-85 所示。

图 5-85　橡皮擦工具集

1. 橡皮擦工具

使用该工具可以将图像擦至工具箱中的背景色，并可将图像还原到"历史"面板中图像的任何一个状态。

2. 背景橡皮擦工具

使用该工具可以将图层上的颜色擦除至透明，使用背景橡皮擦工具可以去掉背景的同时保留物体的边缘。通过定义不同的取样方式和设定不同的容差值，可以控制边缘的透明度和锐利程度。

3. 魔术橡皮擦工具

使用该工具可以根据颜色的近似程度来确定擦成透明的程度，当使用魔术橡皮擦工具在图层上单击时，该工具会自动将所有相似的像素变为透明。

任务实现

（1）执行"文件"→"新建"，打开"新建"对话框，如图 5-86 所示。

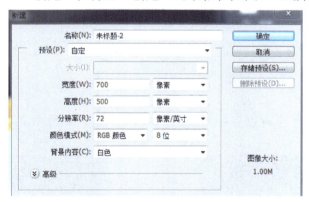

图 5-86　"新建"对话框

（2）天空。选项"渐变"工具，设置前景色为浅蓝 RGB（142，215，249），背景色为白色，渐变设置为从"前景色到背景色"的渐变。

（3）树干。设置前景色为褐色 RGB（93，55，5），选择画笔工具，调整合适硬度，在合适位置设计出树干，如图 5-87 所示。

（4）草地。设置前景色为暗绿 RGB（2，150，27），背景色为浅绿 RGB（149，251，129），用"草笔刷■"直接画出地上的草地，如图 5-88 所示。

（5）云朵。用 60 像素的白色软圆点画笔，随意进行涂抹，设计云朵，如图 5-89 所示。

（6）枫叶。设置前景色为土黄色 RGB（189，73，3），背景色为橙红色 RGB（219，207，

8），选择枫叶笔尖图案，设计枫树，最后点几下，做落叶状，如图 5-90 所示。

图 5-87　设计树干　　　图 5-88　画出草地　　　图 5-89　添加云朵　　　图 5-90　设计枫树

（7）最后使用"高斯模糊"滤镜优化选区或整个图像，使变化显得柔和。

技能训练

（1）将图 5-91 中的黄色花朵调整为红色。
（2）将图 5-92 中的蝴蝶调整为蓝绿色。

图 5-91　黄色花朵　　　　　　　　图 5-92　蝴蝶

提示：选中相应选区，设置模式为颜色模式，再用画笔涂抹。

任务六　利用图章工具打造节日气氛

任务描述

使用图案图章工具，将雪花图案刻印在原图 5-93 上，制造出节日气氛，效果如图 5-94 所示。

图 5-93　原图　　　　　　　　图 5-94　效果图

理论知识

图章工具集一共包含两个工具，分别是"仿制图章工具"和"图案图章工具"，如图 5-95 所示。

图 5-95　图章工具集

1. 仿制图章工具

使用该工具可以从图像中取样，产生类似复制的效果，其设置栏如图 5-96 所示。

图 5-96　仿制图章工具的设置栏

（1）取样方法：按住 <Alt> 键的同时在图像上单击，定义取样点。

（2）对齐：如果不选中该复选框，在复制过程中一旦松开鼠标，就表示这次的复制工作结束，当再次按鼠标时，表示复制重新开始，每次复制都从取样点开始；如果选中该复选框，则下一次复制的位置会和上一次的完全相同，图像的复制不会因为松开鼠标而发生错位。

2. 图案图章工具

使用该工具可以将各种图案填充到图像中，其设置栏如图 5-97 所示。其设定和仿制图章工具类似，不同的是图案图章工具直接以图案进行填充，不需要进行取样。

图 5-97　图案图章工具的设置栏

使用图案图章工具，首先需要定义一个图案。方法：选择一个没有被羽化的矩形，然后执行菜单中的"编辑"→"定义图案"命令，在弹出的"图案名称"对话框中填写名称，如图 5-98 所示，最后单击"确定"按钮即可。定义好图案后，可以直接用图案图章工具在图像内进行绘制，图案是一个一个整齐排列的。

> **知识链接**
>
> 定义的图案均为矩形。

图 5-98　设置"图案名称"

（1）对齐：选中该复选框，无论在复制过程中停顿多少次，最终的图案位置都会非常整齐，如果取消选中该复选框，则一旦图案图章工具在使用过程中中断，当再次开始时图案将无法以原先的规则排列。

（2）印象派效果：选中该复选框，复制出的图案将产生印象派画般的效果。

任务实现

（1）执行"文件"→"打开"命令，打开"雪花"素材图像。双击"背景"图层名称，将该图层解锁，此时图层自动更名为"图层 0"。使用魔棒工具将白色的背景设为选区，如图 5-99 所示。接着，按下 Delete 键，将白色背景删除，再按 <Ctrl+D> 取消选区，如图 5-100 所示。

图 5-99　将白色背景设为选区 　　　图 5-100　删除白色背景

（2）先选择"自由变换 <Ctrl+T>"工具，调整雪花图片到合适大小。执行"编辑"→"定义图案"命令，将图案命名为"雪花"，如图 5-101 所示。

（3）执行"文件"→"打开"命令，打开要处理的原图像，双击"背景"图层名称，将该图层解锁，此时图层自动更名为"图层 0"。选择"图案图章工具"，在设置栏中设置图案为"雪花"，如图 5-102 所示，在原图中涂抹。在涂抹过程中，可以通过调节图案图章工具画笔的大小、硬度、不透明度以及流量，实现不同形态的雪花。

图 5-101　定义图案

图 5-102　选择"雪花"图案

技能训练

使用仿制图章工具，对图 5-103 中破损的部分进行修复，修复后的效果如图 5-104 所示。

图 5-103　破损的照片

图 5-104　修复后照片

任务七　利用渐变工具制作雨后彩虹

任务描述

使用渐变工具在图 5-105 所示的风景图像中制作雨后彩虹，效果如图 5-106 所示。

图 5-105　风景图片

图 5-106　雨后彩虹

理论知识

填充工具集一共包含两个工具，分别是"渐变工具"和"油漆桶工具"，如图 5-107 所示。

图 5-107　填充工具集

1. 渐变工具

该工具用来填充渐变色，其设置栏如图 5-108 所示。

图 5-108 渐变工具的设置栏

使用该工具的方法是按住鼠标左键拖动形成一条直线，直线的长度和方向决定了渐变填充的区域和方向。如果有选区，则渐变作用于选区之中；如果没有选区，则渐变应用于整个图像。Photoshop CS6 提供了"线性渐变"、"径向渐变"、"角度渐变"、"对称渐变"和"菱形渐变"五种渐变类型。

（1）单击"渐变颜色调　　"右面的小三角，弹出"渐变"面板，可以选择需要的渐变样式，如图 5-109 所示。

（2）如果需要编辑渐变，可以单击"渐变颜色条　　"，在弹出的如图 5-110 所示的"渐变编辑器"对话框中进行设置。

> **小技巧**
> 渐变工具的快捷键：Shift+G。

图 5-109 "渐变"面板

图 5-110 "渐变编辑器"对话框

2. 油漆桶工具

使用该工具可以根据像素颜色的近似程度来填充颜色，填充的颜色为前景色或者连续图案。油漆桶工具的设置栏如图 5-111 所示。

图 5-111 油漆桶工具的设置栏

（1）"填充"后面的下拉列表框：包括"前景"和"图案"两个选项。如果选择"前景"选项，则在图像中填充的是前景色；如果选择"图案"选项，则可以在后面弹出的面板中选择需要的图案。

（2）模式：用来定义填充和图像的混合模式。

（3）不透明度：用来定义填充的不透明度。

（4）容差：用来控制油漆桶工具每次填充的范围。数值越大，所允许填充的范围越大。

（5）消除锯齿：选中该复选框后，填充的边缘可以保持平滑。

（6）连续的：选中该复选框后，填充区域是与鼠标单击点相似并连续的部分，否则，填充区域是所有和鼠标单击点相似的像素，而不管是否和鼠标单击点连续。

（7）所有图层：选中该复选框后，不管当前在哪个图层上进行操作，所使用的油漆桶工具会对所有图层都起作用。

任务实现

（1）执行"文件"→"打开"命令，打开素材图片。在"图层"面板中新建一个名为"图层1"的图层，在"图层"面板中将背景图层隐藏。

（2）选择"渐变工具"，单击渐变颜色条，打开"渐变编辑器"对话框，选择"透明彩虹渐变"模式，然后调整滑块至如图5-112所示。

（3）颜色设置完成后，在工具设置栏中选择"径向渐变 "，如图5-113所示。按住鼠标左键从下往上拖动得到一个渐变填充的彩虹效果，如图5-114所示。

图5-112 "渐变编辑器"对话框

图5-113 选择"径向渐变"

图5-114 得到彩虹效果

（4）将背景图层设置为显示，适当调整一下彩虹的位置，如图5-115所示。用橡皮工具和模糊工具来修饰一下彩虹，用自由变化适当调整彩虹，如图5-116所示。最后调整彩虹所在"图层1"的不透明度为50%，效果如图5-117所示。

图5-115 调整彩虹的位置

图5-116 用橡皮工具和模糊工具修饰彩虹后的效果

图5-117 调整彩虹所在图层的不透明度

技能训练

1. 为图5-118所示的素材风景图像打造一道彩虹。
2. 为图5-119所示的婚纱照图像进行修饰，绘制黄色至蓝色的渐变色，使用画笔绘制蝴蝶及花朵，效果如图5-120所示。

图5-118 需要打造一道彩虹的风景图像

图5-119 婚纱照原图像

图5-120 修饰后的效果图

提示：

（1）新建一个图层，设置好渐变色后，从图像左上角向右下角拖动鼠标，形成黄、红、蓝三色渐变图层。

（2）在渐变色图层中，绘制"羽化"值为 30 的椭圆形选区，将该选区删除，便可露出背景图层的新娘，如图 5-121 所示。

（3）如图 5-122 所示，将"特殊效果画笔"添加到画笔图库中，分别选择蝴蝶（29）和飞花（69）图案，设置好形状和颜色动态后，在渐变色图层进行绘制。

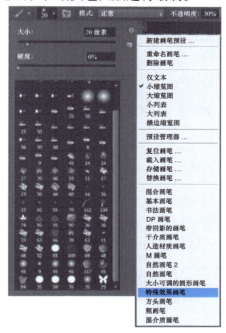

图 5-121　显示背景图层　　　　　图 5-122　添加"特殊效果画笔"

任务八　利用模糊和减淡工具调整装饰画

任务描述

利用模糊工具和减淡工具，将图 5-123 所示的颜色过深的装饰画调整为如图 5-124 所示的色彩淡雅的装饰画。

图 5-123　颜色过深的装饰画　　　　图 5-124　修饰后的效果图

理论知识

Photoshop CS6 中的色调处理工具放在两个工具集中。

一、色调处理——模糊工具集

色调处理——模糊工具集一共有 3 个工具，分别是"模糊工具""锐化工具"和"涂抹工具"，如图 5-125 所示。

图 5-125　色调处理——模糊工具集

1. 模糊工具和锐化工具

使用模糊工具可以降低相邻像素的对比度，将较清晰的边缘模糊化，使图像柔和；而使用锐化工具则正好相反，可以增加相邻像素的对比度，将较模糊的边缘清晰化。这两种工具的设置栏相似。图 5-126 为原图与使用这两个工具后的效果对比图。

a)

b)

c)

图 5-126　原图与使用模糊工具与锐化工具后的效果对比
a）原图　b）使用模糊工具的效果　c）使用锐化工具的效果

2. 涂抹工具

该工具用于模拟手指涂抹油墨的效果。用涂抹工具在颜色的交界处进行涂抹，会产生一种相邻颜色互相挤入的模糊感。图 5-127 为原图与使用涂抹工具后的效果对比图。

图 5-127　原图与使用涂抹工具后的效果对比
a）原图　b）使用涂抹工具的效果

二、色调处理——减淡工具集

色调处理——减淡工具集一共有 3 个工具，分别是"减淡工具""加深工具"和"海绵工具"，如图 5-128 所示。

图 5-128　色调处理——减淡工具集

1. 减淡工具

该工具通过提高图像的亮度来校正曝光，类似于加光操作。其设置栏如图 5-129 所示。

图 5-129　减淡工具的设置栏

（1）范围：在其下拉列表框可以选择"阴影""中间调"或"高光"分别进行减淡处理。
（2）曝光度：控制减淡工具的使用效果，曝光度越高，效果越明显。

（3）喷枪：激活"喷枪 "按钮，可以使减淡工具有喷枪效果。

2. 加深工具

该工具的功能与减淡工具相反，可以降低图像的亮度，通过调暗来校正图像的曝光度。其设置栏与减淡工具相同。

3. 海绵工具

使用该工具可以精确地更改图像的色彩饱和度，使图像的颜色变得更鲜艳或更灰暗。

任务实现

（1）执行"文件"→"打开"命令，打开素材图片。双击"背景"图层名称，将该图层解锁，此时图层自动更名为"图层 0"。

（2）选择减淡工具，在其设置栏中选择一个大小合适的笔刷，如图 5-130 所示。使用减淡工具在花蕊和根茎进行涂抹，效果如图 5-131 所示。

（3）选择模糊工具，在其设置栏中选择一个大小合适的笔刷，如图 5-132 所示。使用模糊工具在花蕊和根茎进行涂抹，即可得到最终的效果。

图 5-130　为减淡工具设置笔刷　　图 5-131　使用减淡工具后的效果　　图 5-132　为模糊工具设置笔刷

技能训练

1. 利用减淡和模糊工具对图 5-133 所示的装饰画进行调整，使其色彩变柔和。
2. 利用锐化工具，将图 5-134 所示的素材图片进行处理，使蜜蜂身上的绒毛及翅膀的图案更加清晰。

图 5-133　需要进行减淡和模糊处理的图片　　　　图 5-134　需要锐化的图片

任务九　利用路径工具实现邮票效果

任务描述

利用钢笔及路径面板等相关工具，将图 5-135 调整为图 5-136 所示的邮票效果。

图 5-135　素材图　　　　图 5-136　邮票效果

理论知识

一、路径的特点

路径可以是一个点、一条直线或者一条曲线，主要有以下特点：

（1）路径是矢量的线条，因此无论放大或者缩小都不会影响它的分辨率或者平滑度。

（2）路径可以被存储。

（3）路径可以转化为选区，选区也可以转化为路径。

路径工具

二、路径的相关术语

1. 锚点

路径是由锚点组成的。锚点是定义路径中每条线段开始和结束的点，通过它们来固定路径。

2. 路径分类

路径分为开放路径和闭合路径，如图 5-137 所示。

图 5-137　路径的分类
a）开放路径　b）闭合路径

三、使用钢笔工具创建路径

1. 绘制直线

使用钢笔工具可以绘制最简单的线条——直线。绘制直线路径的操作步骤如下：

（1）选择工具箱中的"钢笔工具 "，在钢笔工具的设置栏中选择类型为"路径"，如图 5-138 所示。

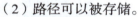

图 5-138　钢笔工具的设置栏

（2）单击画布，确定路径的起始点。

（3）移动鼠标位置，再次单击，从而绘制出路径的第二个点，而两点之间将自动以直线连接。

（4）同理，绘制出其他点，形成一个闭合路径，如图 5-139 所示。

2. 绘制曲线

使用"钢笔工具"，在单击鼠标时并不松开鼠标，而是拖动鼠标，可以拖出一条方向线，每一条方向线的斜率决定了曲线的斜率。

图 5-139　闭合路径

绘制曲线路径的操作步骤如下：

（1）选择工具箱中的"钢笔工具"，选择类型为"路径"，然后将笔尖放在要绘制曲线的起始点，按住鼠标左键进行拖动，释放鼠标即可形成第一个曲线锚点。

（2）将鼠标移动到下一个位置，按下鼠标左键拖动，得到一段弧线。

（3）同理，继续绘制，从而得到一段波浪线。

（4）若要结束一段开放路径，可以按住 <Ctrl> 键单击路径以外的任意位置；若要封闭一段开放路径，可以将"钢笔工具"放到第一个锚点上，此时钢笔的右下角会出现一个小圆圈，单击可以封闭开放路径。

3. 添加、删除和转换锚点工具

（1）添加锚点工具：使用该工具在路径片段上单击，可以增加一个锚点。

（2）删除锚点工具：与添加锚点工具的使用方法相同，效果相反。

（3）转换锚点工具：将该工具放到锚点上，按住鼠标左键拖动，可改变锚点左右曲线的长度和斜率。

4. 直接选择工具和路径选择工具

（1）直接选择工具：选中锚点拖动可以改变锚点的位置；选中路径片段拖动可以改变路径片段的曲度；选中调节线的端点可以改变调节线的方向和长度。如果按住 <Shift> 键，可以同时选中多个锚点，此时拖动该路径片段可以改变该路径片段的位置。

（2）路径选择工具：可以移动路径的位置。

四、"路径"面板

图 5-140 中方框从左到右按钮依次是：用前景色填充路径、用画笔描边路径、将路径作为选区载入、从选区生成工作路径、添加图层蒙版、创建新路径，单击按钮即可实现相应功能。

图 5-140　"路径"面板

> **任务实现**

（1）设置前景色为棕红色 RGB（160，10，15），执行"文件"→"新建"命令，弹出"新建"对话框，设置参数如图 5-141 所示。

（2）执行"编辑"→"填充"命令，选择"前景色"进行填充。

（3）把素材图拖入背景图层后，会在"图层"面板中产生一个新的图层 1（"小狗"图层）。

选中图层1，右击选择"复制图层"，生成图层2，使用矩形选框工具在画面上框选出比素材图略大的区域，将其填充为白色，并将该图层拖动到"小狗"图层（图层1）的下方，如图5-142所示。

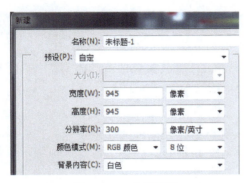

图5-141 参数设置

图5-142 将图层2拖到"小狗"图层下方

（4）保持选中图层2的状态，切换到"路径"面板，单击"从选区生成工作路径"按钮，从选区切换为工作路径；选择并设置一个圆形笔头的画笔工具（间距设为138%），回到"路径"面板，确定选中外框路径，单击"路径"面板下方的"用画笔描边路径"按钮，对路径进行描边。

（5）确定当前为图层2，使用魔棒工具选中描边的部分，按<Delete>键，将描边的外半边删除，此时出现邮票的锯齿边缘，效果如图5-143所示。

（6）单击"图层"面板下方的"添加图层样式"按钮，在弹出的菜单中选择"投影"，再在"图层样式"对话框中设置"投影"参数。选择合适的字体，加上文字"80分"，得到最后效果图，此时的"图层"面板如图5-144所示。

图5-143 锯齿边缘效果

图5-144 最终"图层"面板

技能训练

利用钢笔工具抠图——创建路径，再将路径转换为选区，将图5-145和图5-146所示的鼠标及汽车进行合成，实现如图5-147所示的效果。

项目五 工具箱的使用

图 5-145　鼠标图片

图 5-146　汽车图片

图 5-147　合成后图片

任务十　利用文字工具制作商品标签

任务描述

使用文字工具、文字蒙版工具，以及如图 5-148 所示的素材图像，制作出如图 5-149 所示的橄榄油商品标签效果。

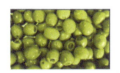
图 5-148　素材图

图 5-149　橄榄油商品标签效果

理论知识

文字工具集一共有 4 个工具选项，分别是"横排文字工具""直排文字工具""横排文字蒙版工具"和"直排文字蒙版工具"，如图 5-150 所示。

图 5-150　文字工具集

1. 横排文字工具和直排文字工具

选择"横排文字工具 T"，或按 <T> 键，在页面中单击插入光标，可输入横排文字。选择"直排文字工具 IT"，可以在图像中建立垂直文本。

执行"窗口"→"字符"和"段落"命令，可打开"字符"面板和"段落"面板。利用文字工具输入文字之后，可以利用这两个面板来控制文字和段落的各项设定。

选择"横排文字工具 T"移动到图像窗口中，单击并按住鼠标不放，拖曳鼠标在图像窗口中创建一个段落定界框，插入点显示在定界框的左上角。段落定界框具有自动换行的功能，如果输入的文字较多，当文字遇到定界框时，会自动换到下一行显示。如果输入的文字需要分出段落，可以按 <Enter> 键进行操作，还可以对定界框进行旋转、拉伸等操作。

2. 横排文字蒙版工具和直排文字蒙版工具

使用"横排文字蒙版工具 T"，可以在图像中建立横排文本的选区；使用"直排文字蒙版工具 IT"，可以在图像中建立垂直文本的选区。

当选择"文字蒙版工具"，并设定文字的各项属性，工作区呈现红色的蒙版模式。输入文字完成后，文字蒙版随即转换为文字的选取范围，如图 5-151 所示。此时便可向此选区中粘贴其他图像来制作如图 5-152 所示的镂空字。

图 5-151　使用文字蒙版工具

a）文字蒙版模式　b）输入文字　c）建立文字选取范围

图 5-152　使用文字蒙版工具的示例

3．栅格化文字

执行"图层"→"栅格化"→"文字"命令，或用鼠标右键单击文字图层，在弹出的菜单中选择"栅格化文字"命令，栅格化后，文字图层转换为图像图层，此时才可以使用滤镜，如图 5-153 所示。

知识链接

"栅格化文字"后，注意"图层"面板中小图标的区别。

　　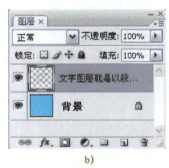

a）　　　　　　　　　　　　b）

图 5-153　栅格化文字

a）原图层　b）栅格化转换后的图层

4．点文字与路径、形状的转换

执行"文字"→"创建工作路径"命令，将文字转换为路径。

执行"文字"→"转换为形状"命令，将文字转换为形状。

5．扭曲变形文字

在图像中输入文字，单击文字工具设置栏中的"创建文字变形"按钮，弹出"文字变形"对话框，在"样式"选项的下拉列表中包含多种文字的变形效果，如图 5-154 所示。

6．在路径上创建文字

选择"钢笔"工具，在图像中绘制一条路径。选择"横排文字工具"，将鼠标放在路径上，单击路径出现闪烁的光标，此处为输入文字的起始点。输入的文字会沿着路径的形状进行排列。取消"视图"→"显示额外内容"命令的选中状态，可以隐藏文字路径。图 5-155 所示为在路径上创建的文字效果。

图 4-154 "样式"选项下拉列表　　　图 5-155 路径上创建的文字效果

任务实现

（1）执行"文件"→"打开"命令，打开"橄榄油瓶"素材图片，素材为 .psd 文件，该素材中含有两个图层，如图 5-156 所示。

（2）绘制条码。新建一个图层，将该图层命名为"条码"，选择"矩形选框工具■"，在"条码"图层上绘制一个宽 3 像素、高 30 像素的矩形选区，将其前景色设为黑色并填充；紧挨黑色矩形左侧再绘制一个宽 1 像素、高 30 像素的矩形选区，将其前景色设为灰色并填充，如图 5-157 所示。依此方法，绘制出商品的条码区域，如图 5-158 所示。

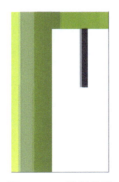

图 5-156 "图层"面板　　　图 5-157 绘制条码　　　图 5-158 条码效果

（3）制作镂空文字。在图层面板中新建一个名为"商标文字 OLIO"的图层，选择"横排文字蒙版工具■"，在设置栏中设置字体为"Cooper Std"，字体大小为"68 点"，输入文字"OLIO"，如图 5-159 所示。执行"文件"→"打开"命令，打开橄榄图片。按 <Ctrl+A> 和 <Ctrl+C> 键将该图像全部选中后复制到剪贴板，回到输入好文字的图像，执行"编辑"→"选择性粘贴"→"贴入"命令,此时橄榄图像被粘贴到文字选区范围内,而选区以外的部分被遮挡,此时会在"图层"面板中产生一个新的图层"图层1"及其蒙版,结果如图5-160所示。

图5-159 用文字蒙版工具输入商标文字　　　图5-160 镂空商标文字效果

(4)输入商标中的其他文字。选择"横排文字工具T",设置字体为"Algerian",字体大小为"24点",字体颜色红色:RGB(224,27,39),输入文字"EXTRA VIRGIN",并将其移动到合适的位置;选择"直排文字工具T",设置字体为"Charlemagne Std",字体大小为"24点",字体颜色红色:RGB(224,27,39),输入文字"product of italy",并将其移动到合适的位置,如图5-161所示。选择"横排文字工具T",设置字体为"Buxton Sketch",字体大小为"60点",字体颜色为白色,输入文字"Olive Oil",在设置栏选择"创建文字变形",将变形样式设为"旗帜"后,将其移动到合适的位置;选择"横排文字工具T"后,在需要输入商品介绍文字的区域绘制一个文本输入框,设置字体为"Arial",字体大小为"11点",字体颜色为黑色,输入商品介绍文字;选择"横排文字工具T",设置字体为"Buxton Sketch",字体大小为"24点",字体颜色为白色,输入文字"16 FL Ounces",如图5-162所示。

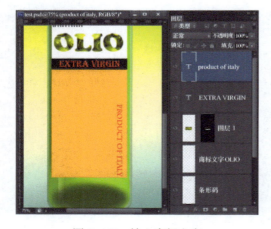

图5-161 输入商标文字　　　图5-162 商标文字输入完毕

(5)制作商标弯曲效果。将背景图层(Background)隐藏,执行"图层"面板的"合并可见图层"命令,将背景图层以外的所有图层合并,如图5-163所示。显示背景图层(Background),选中"Black Label"图层,执行"编辑"→"变换"→"变形"命令,此时在商标四周出现12个操控点。尝试移动操控点,将商标调成与瓶子贴合的弯曲效果,如图5-164所示。按"回车"键确认,此时便完成了商品标签效果。

项目五　工具箱的使用

图 5-163　合并可见图层

图 5-164　使用"变形"命令将商标弯曲

技能训练

使用如图 5-165 所示的素材图，制作如图 5-166 所示效果的"心情日记"。

图 5-165　素材图

图 5-166　"心情日记"参考效果

任务十一　利用几何图形工具绘制儿童插画背景

任务描述

在图 5-167 所示的素材图基础上，使用几何图形工具绘制图案，得到如图 5-168 所示的儿童插画背景。

图 5-167　素材图

图 5-168　儿童插画背景

理论知识

几何图形工具集共包含 6 个工具，如图 5-169 所示。使用几何图形工具可以快速创建各种矢量图形。下面以矩形工

小提示

几何图形工具可以转换为路径，也可以转换为选区。

85

具、直线工具和自定形状工具为例来讲解几何图形工具的使用方法。

1. 矩形工具

（1）选择"矩形工具▇"，然后在其设置栏中选择"形状"选项，表示新建形状图层，如图 5-170 所示。

图 5-169　几何图形工具集

（2）路径操作。在设置栏中单击"路径操作▇"下拉按钮，将显示"新建图层▇""合并形状▇""减去顶层形状▇""与形状区域相交▇"和"排除重叠形状▇"5 个路径操作的工具按钮，如图 5-171 所示。各工具按钮的显示效果如图 5-172 所示。另外，还有一个将路径操作后的形状进行合并的"合并形状组件▇"按钮。

图 5-170　形状工具的设置栏

图 5-171　路径操作的工具按钮

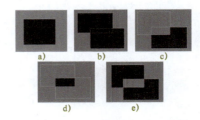

图 5-172　各工具按钮的显示效果

a）新建图层　b）合并形状　c）减去顶层形状
d）与形状区域相交　e）排除重叠形状

（3）在设置栏中选择"路径"选项，表示将产生工作路径，其设置栏如图 5-173 所示。

图 5-173　路径的设置栏

（4）在设置栏中选择"像素"选项，表示将建立填充区域，其设置栏如图 5-174 所示。然后可以进行"模式"的选择，以及改变"不透明度"和选择"消除锯齿"复选框。

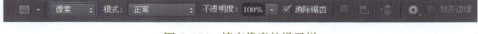

图 5-174　填充像素的设置栏

2. 直线工具

"直线工具▇"用来在图像上绘制直线，其设置栏如图 5-175 所示。与前面的工具相对比，该工具的设置栏多了一项设置线条粗细的选项。

图 5-175　直线工具的设置栏

3. 自定形状工具

"自定形状工具▇"的设置栏如图 5-176 所示。与前面的工具相比，该工具的设置栏多了一项设置自定义形状的选项。

图 5-176 自定形状工具的设置栏

任务实现

1. 新建文件，用于绘制插画背景

执行"文件"→"新建"命令，在弹出的对话框中设置名称为"插画背景"、背景为白色，并设置好其他参数，如图 5-177 所示，单击"确定"按钮，新建一个文件。将前景色设为淡黄色 RGB（243，227，156），按 <Alt+Delete> 键用前景色填充"背景"图层。

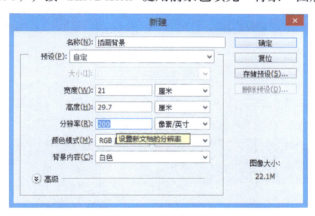

图 5-177 新建文件

2. 绘制椭圆形的小路

（1）新建一个图层，将该图层命名为"白色椭圆形"，将前景色设为白色，选择使用"椭圆工具 ⬭"，在图像窗口下方拖曳鼠标绘制椭圆形。再新建一个图层，将该图层命名为"橙色椭圆形"，将前景色设为橙色 RGB（250，211，48），选择使用"椭圆工具 ⬭"，在图像窗口下方拖曳鼠标绘制一个比白色椭圆形稍小的橙色椭圆形，如图 5-178 所示。

图 5-178 绘制白色和橙色椭圆形

（2）在"图层"面板中，按住 <Ctrl> 键的同时，选中"白色椭圆形"和"橙色椭圆形"图层，将其拖曳到"创建新图层 ▫"按钮上进行复制，生成副本图层。选择"移动工具 ▸⊕"，分别将复制出的副本图形拖曳到合适的位置，并调整其大小。用同样的方法再次复制图层，调整其位置及大小，效果如图 5-179 所示。

图 5-179 椭圆小路制作完成效果

3. 装饰风车

（1）执行"文件"→"打开"命令，打开"风车"素材图片，选择"移动工具 "，将风车图像拖曳到图像窗口的左侧，在图层面板中将生成的新图层命名为"风车"，如图 5-180 所示。

图 5-180 创建"风车"图层

(2)新建一个图层,将该图层命名为"多边星形",将前景色设为白色,选择使用"多边形工具 ",在设置栏中按图 5-181 所示进行设置,在合适的位置拖曳鼠标绘制星形,如图 5-182 所示。

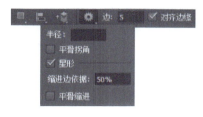 

图 5-181　多边形工具设置栏　　图 5-182　绘制星形后效果

(3)新建一个图层,将该图层命名为"白色矩形",将前景色设为白色,选择使用"矩形工具 ",在合适的位置拖曳鼠标绘制矩形。新建一个图层,将该图层命名为"橙色矩形",将前景色设为橙色 RGB(250,211,48),选择使用"矩形工具 ",在合适的位置拖曳鼠标绘制矩形。新建一个图层,将该图层命名为"橙色圆角矩形",将前景色设为橙色 RGB(250,211,48),选择使用"圆角矩形工具 ",在合适的位置拖曳鼠标绘制若干个圆角矩形,装饰好的风车效果如图 5-183 所示。

图 5-183　装饰好的风车效果

4. 制作花朵并添加人物

(1)单击"图层"面板下方的"创建新组 "按钮,将图层组命名为"花"。执行"文件"→"打开"命令,打开"叶片"素材图片,选择"移动工具 ",将叶片图像拖曳到图像窗口的左侧,在图层面板中将生成的新图层命名为"叶子"。新建一个图层,将该图层命名为"花柄",将前景色设为橙色,选择使用"直线工具 ",在设置栏中设置线条粗细为 20 像素,按住 <Shift> 键的同时,在合适的位置拖曳鼠标绘制直线,绘制好的花柄如图 5-184 所示。

（2）执行"文件"→"打开"命令，打开"花朵"素材图片，选择"移动工具 "，将花朵图像拖曳到图像窗口的左侧，在图层面板中将生成的新图层命名为"花朵"，如图5-185所示。

图 5-184　绘制花柄

图 5-185　追加自然形状

（3）绘制心形。新建一个图层，将该图层命名为"心形"，将前景色设为浅橙色RGB（243，227，156），选择使用"自定形状工具 "，在设置栏中单击"形状"下拉框，单击"形状"面板右上方的"设置 "按钮，在弹出的快捷菜单中单击"全部"，在弹出的对话框中选择"追加"按钮。在"形状"面板中选择"桃心"图案，如图5-186所示。按住<Shift>键的同时，拖曳鼠标绘制心形，并将图案旋转到适当的角度，效果如图5-187所示。

图 5-186　选择"桃心"图案

图 5-187　绘制桃心效果图

（4）创建"心形"图层的副本，将该图层中的心形进行旋转及缩小，效果如图5-188所示。

（5）将"花"图层组拖曳到"图层"面板下方的"创建新组 "按钮，将图层组复制2次，按<Ctrl+T>键对"花"的副本进行缩放操作，效果如图5-189所示。

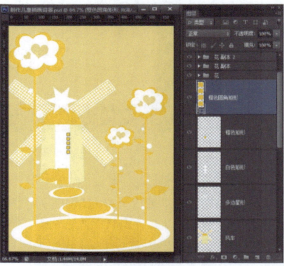

图 5-188　调整心形后的效果

图 5-189　复制并调整花朵

（6）执行"文件"→"打开"命令，打开"人物"素材图片，选择"移动工具 "，将人物图像拖曳到图像窗口的左侧，在"图层"面板中将生成的新图层命名为"人物"，至此，儿童插画背景效果制作完成。

技能训练

使用几何图形工具在 5-190 所示的素材图基础上，制作如图 5-191 所示的插画效果。

图 5-190　素材图

图 5-191　插画效果

提示：

（1）背景颜色采用径向渐变设置。

（2）在工具箱选择使用"多边形工具 "，在设置栏中按图 5-192 所示进行设置，把前景颜色设置为白色，适当缩小画布比例，然后用多边形工具拉出如图 5-193 所示的图形，栅格化图层后效果如图 5-194 所示。

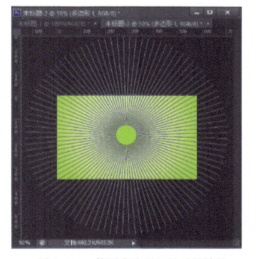

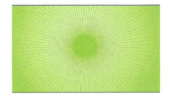

图 5-192　设置多边形　　　　图 5-193　使用多边形工具后的效果　　　　图 5-194　栅格化图层后效果

（3）选择使用"自定形状工具 "，在"形状"面板中选择"花"图案，如图 5-195 所示。

图 5-195　设置多边形图案为"花"

Project 6

项目六

图像调整技术

项目导读

　　本项目主要学习怎样调整图片色彩和应用滤镜技术，在知识点学习的过程中，需要对任务反复练习，提高熟练程度。在促进学生设计水平提高的过程中，培养学生的创新思维能力，培育创新文化，弘扬科学家精神，涵养优良学风，营造创新氛围，明白创新是第一动力，并使其养成严谨求实的工作作风。

知识目标

◎ 掌握调整图像的色彩与色调的方法。
◎ 掌握利用各种色彩校正命令对图像进行处理的方法。

能力目标

◎ 能够根据不同的需要对图像的色彩或色调进行细微的调整。
◎ 能够对图像进行特殊颜色的处理。

任务一　调整偏色照片

任务描述

将如图 6-1 所示的偏色照片调整成如图 6-2 所示的效果。

理论知识

图 6-1　偏色照片

图像色调控制主要是对图像进行明暗度和对比度的调整。比如，把一个较暗的图像变亮一些或把一个较亮的图像变暗一些。通过对色调的调整，可以表现明快或者阴暗的主题环境。

图 6-2　调整后效果

1. "直方图"面板

"直方图"面板用图形表示图像的每个颜色亮度级别的像素数量，展示像素在图像中的分布情况。它显示了图像在暗调（显示在直方图的左边）、中间调（显示在直方图的中间）和高光（显示在直方图的右边）中包含的细节，也提供了图像色调范围或图像基本色调类型的快速浏览图。不同色调图像的细节集中的位置也不同，全色调范围的图像在所有区域中都有大量的像素。识别色调范围有助于确定相应的色调校正。

> **知识链接**
>
> 　　一般来说，可以通过观察直方图中的像素量从左到右分布是否均衡来判断图像是否偏色。

"直方图"面板提供了许多选项，可以用来查看有关图像的色调和颜色信息。在默认情况下，直方图显示整个图像的色调范围。如果要在直方图中显示图像某一部分的直方图数据，选取该部分图像即可。

使用直方图查看图像色调分布的方法如下：
（1）打开需查看色调分布情况的图像。
（2）选择"窗口"→"直方图"命令，调出"直方图"面板，如图 6-3 所示。

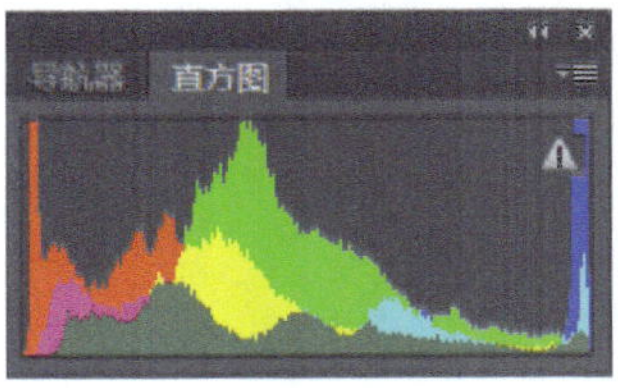

2. "色阶"命令

图 6-3　"直方图"面板

"色阶"（〈Ctrl+L〉键）命令可以通过调整图像的暗调、中间调和高光等强度级别，校正图像的色调范围和色彩平衡。"色阶"直方图用作调整图像基本色调的直观参考。
（1）打开要调整色调的图片，如图 6-4 所示。

(2)选择"图像"→"调整"→"色阶"命令,打开如图 6-5 所示的对话框。

(3)在"色阶"对话框中可进行如下操作:

1)通道。在该下拉列表框中,选定要进行色调调整的通道。图 6-5 所示即为选中 RGB 主通道的色阶分布状况,此时色调调整将对所有通道起作用。

2)输入色阶。其中的 3 个文本框分别对应通道的暗调、中间调和高光。缩小输入色阶的范围可以提高图像的对比度。

3)输出色阶。使用输出色阶可以限定处理后图像的亮度范围。缩小输出色阶的范围可以降低图像的对比度。

4)吸管工具。对话框右边的 3 个吸管工具,从左到右依次为黑色吸管、灰色吸管和白色吸管。单击其中任何一个吸管,然后将鼠标指针移到图像窗口,鼠标指针变成相应的吸管形状,此时单击即可进行色调调整。用"黑色吸管"单击图像,图像中所有像素的亮度值将减去吸管单击处的像素亮度值,从而使图像变暗。"白色吸管"与黑色吸管相反,将所有像素的亮度值加上吸管单击处的像素亮度值,从而提高图像的亮度。"灰色吸管"所选中的像素的亮度值用来调整图像的色调分布。

5)自动。单击该按钮,以所设置的自动校正选项对图像进行调整。

(4)设置输入色阶值,单击"确定"按钮。调整后的效果如图 6-6 所示。

 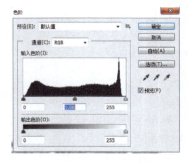 

图 6-4 要调整色调的图片　　　　图 6-5 "色阶"对话框　　　　图 6-6 调整色阶后的效果

任务实现

(1)执行"文件"→"打开"命令,弹出"打开"对话框,选择需要调整的图片,打开该图像,如图 6-7 所示。

(2)选择"图像"→"调整"→"色阶"命令,弹出"色阶"对话框,调整参数设置如图 6-8 所示。

(3)单击"确定"按钮保存对色阶的调整,调整后的图像如图 6-9 所示。

 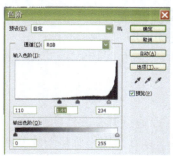 

图 6-7 需要调整的图片　　　　图 6-8 "色阶"对话框　　　　图 6-9 调整后的图像

技能训练

将如图 6-10 所示的素材图制作成如图 6-11 所示的效果。

图 6-10　校正偏色原图

图 6-11　校正偏色后效果

任务二　修复曝光不足和曝光过度的图像

任务描述

将如图 6-12 所示的曝光不足和图 6-13 所示的曝光过度的照片分别修复成如图 6-14 和图 6-15 所示的效果。

图 6-12　曝光不足的照片　　图 6-13　曝光过度的照片　　图 6-14　曝光不足调整后效果　图 6-15　曝光过度调整后效果

理论知识

使用"色阶""自动色调""自动对比度""曲线",以及"亮度/对比度"命令可调整图像的亮度和对比度,这些命令用于修改图像中像素值的分布,并允许在一定范围内调整色调。其中,"曲线"命令可以提供最精确的调整。

知识链接

本任务涉及的工具:
曲线、自动色调、自动对比度、亮度/对比度、曝光度。

1. "曲线"命令

"曲线"命令和"色阶"命令类似,都是用来调整图像的色调范围,不同的是,"色阶"命令只能调整亮部、暗部和中间灰度,而"曲线"命令可以调整灰阶曲线中的任意一点。图 6-16、图 6-17 分别为原图和"曲线"对话框。

图 6-16　原图

图像调整工具——曲线

（1）图 6-17 中的横轴代表图像原来的亮度值,相当于"色阶"对话框中的"输入色阶";纵轴代表新的亮度值,相当于"色阶"对话框

> 小技巧
>
> "曲线"命令的快捷键:〈Ctrl+M〉键。

中的"输出色阶";对角线用来显示当前输入和输出数值之间的关系。在没有进行调节时,所有像素都有相同的输入和输出数值。

(2)对于 RGB 模式的图像来讲,曲线的最左面代表图像的暗部,像素值为 0;最右面代表图像的亮部,像素值为 255;而对于 CMYK 模式的图像来讲,则刚好相反。

(3)"曲线"对话框中的通道选项和"色阶"对话框中的通道选项相同,但"曲线"对话框不仅可以选择合成的通道进行调整,还可以选择不同的颜色通道来进行个别调整。

(4)在曲线上单击鼠标可以增加一点,用鼠标拖动该点就可以改变图像的曲线。对于较灰的图像,最常见的调整方式是 S 形曲线,可以增加图像的对比度。

(5)激活铅笔形的图标可以在图中直接绘制曲线,也可以单击平滑曲线来平滑所画的曲线。

图 6-18、图 6-19 分别为改变图像曲线的设置框和结果图。

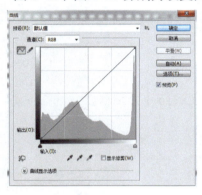

图 6-17 "曲线"对话框　　图 6-18 改变图像曲线的设置框　　图 6-19 结果图

2. "自动色调"命令

"自动调色"命令和"色阶"对话框中的"自动"按钮功能相同,可以自动定义每个通道中最亮和最暗的像素作为白色和黑色,然后按比例重新分配其间的像素值,一般用于调整简单的灰阶图。图 6-20 为执行"自动色调"命令前后的对比图。

3. "自动对比度"命令

执行"自动对比度"命令后,Photoshop CS6 会自动将图像最深的颜色加强为黑色,将最亮的部分加强为白色,以增加图像的对比度。此命令对连续色调的图像效果相当明显,而对单色或者颜色不丰富的图像几乎不产生作用。

4. "亮度/对比度"命令

"亮度/对比度"命令适用于粗略地调整图像的亮度和对比度,其调整范围为 -100 ～ 100。图 6-21 为执行"亮度/对比度"命令前后的对比图。

　　a)　　　　　　　　b)　　　　　　　　　　　　a)　　　　　　　　b)

图 6-20　执行"自动色调"命令前后的对比图　　图 6-21　执行"亮度/对比度"命令前后的对比图

a)执行"自动色调"命令前　b)执行"自动色调"命令后　　a)执行"亮度/对比度"命令前　b)执行"亮度/对比度"命令后

5. "曝光度"命令

"曝光度"命令适用于调整图像的曝光度。图 6-22 和图 6-23 为原图和"曝光度"对话框。拖动"曝光度"滑块可以调整色彩范围的高光端，但对极限阴影的影响很轻微。"位移"选项使阴影和中间调变暗，对高光的影响轻微。"灰度系数校正"项使用乘方函数调整图像灰度系数。图 6-24 为调整曝光度后的画面显示。

图 6-22　原图　　　　　　图 6-23　"曝光度"对话框　　　　图 6-24　调整后效果图

任务实现

1. 修复曝光不足的图像

（1）执行"文件"→"打开"命令，弹出"打开"对话框，选择需要修复的图片，打开该图片，如图 6-25 所示。

（2）选择"图像"→"调整"→"曲线"命令，弹出"曲线"对话框，将光标移到曲线上某个位置，此时光标变为"+"，单击后在该点生成新的节点，拖动这个节点可以调整色调。曲线向左上角弯曲，色调变亮；曲线向右下角弯曲，色调变暗。"曲线"对话框参数设置如图 6-26 所示。

（3）单击"确定"按钮保存对色调的调整，修复后的效果如图 6-27 所示。

 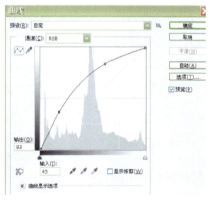 

图 6-25　曝光不足的图片　　　图 6-26　"曲线"对话框　　　图 6-27　修复后的效果

2. 修复曝光过度的图像

（1）执行"文件"→"打开"命令，弹出"打开"对话框，选择需要修复的图片，打开该图片，如图 6-28 所示。

（2）选择"图像"→"调整"→"亮度/对比度"命令，弹出"亮度/对比度"对话框，调整参数设置如图 6-29 所示。

（3）单击"确定"按钮保存对该调整，修复后的效果如图 6-30 所示。

图 6-28　曝光过度的图片　　图 6-29　"亮度/对比度"对话框　　图 6-30　修复后的效果

技能训练

将如图 6-31 所示的素材图制作成如图 6-32 所示的效果。

图 6-31　素材图　　　　　　图 6-32　调整曝光度后的效果

提示： 本练习要用到的命令为曝光度。

任务三　快速改变图片色彩

任务描述

将图 6-33 所示的素材图的色彩调整成如图 6-34 所示的效果。

图 6-33　素材图　　　　　　图 6-34　调整后的效果

理论知识

通常在校正色调范围后，还要调整图像的色彩平衡，删除不需要的色偏或校正过饱和或欠饱和的颜色。通过调整图像的色彩可以实现各种意境。

> **知识链接**
>
> 本任务涉及的工具：
> 自动颜色、色彩平衡、色相/饱和度。

1. "自动颜色"命令

"自动颜色"命令可以让系统自动对图像进行颜色校正。如果图像有色偏或者饱和度过高，均可以使用该命令进行自动调整。

2. "色彩平衡"命令

使用"色彩平衡"命令可以改变彩色图像中颜色的组成，但是只能对图像进行粗略的调整。图 6-35 和图 6-36 分别为原图和"色彩平衡"对话框。

（1）拖动图 6-36 中的滑块可以调整图像的色彩平衡。

（2）在"色调平衡"区中，可以选择图像的阴影、中间调和高光进行色彩调整，也可以选中"保持明度"复选框，从而在改变颜色的同时保持原来的亮度值。图 6-37 和图 6-38 分别为改变色彩平衡后的对话框和效果图。

3．"色相/饱和度"命令

"色相/饱和度"命令用来调整图像的色相、饱和度和明度。图 6-39 和图 6-40 分别为原图和"色相/饱和度"对话框。

 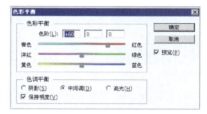

图 6-35　原图　　　　图 6-36　"色彩平衡"对话框　　　图 6-37　改变色彩平衡后的对话框

  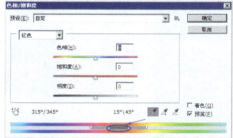

图 6-38　效果图　　　　图 6-39　原图　　　　图 6-40　"色相/饱和度"对话框

（1）"颜色"下拉列表框：可以选择 6 种颜色分别进行调整，或者选择全图来调整所有的颜色。

（2）通过拖动滑块来改变色相、饱和度和明度，在该对话框下面有两个色谱，上面的色谱表示调整前的状态，下面的色谱表示调整后的状态。

（3）当选中单一颜色时，在"色相/饱和度"对话框中下面两个色谱中间深灰色的部分表示要调整颜色的范围，通过拖动深灰色两边的滑块，可以增加或者减少深灰色的区域，即改变颜色的范围。

（4）选中"着色"复选框后，图像变成单色，可以改变色相、饱和度和明度值，得到单色的图像效果。

任务实现

（1）执行"文件"→"打开"命令，弹出"打开"对话框，选择需要编辑的图片，打开该图片，如图 6-41 所示。

（2）选择"图像"→"调整"→"色相/饱和度"命令，弹出"色相/饱和度"对话框，调整参数设置如图 6-42 所示。

（3）单击"确定"按钮保存调整，调整后的图像如图 6-43 所示。

图 6-41　需要编辑的图片

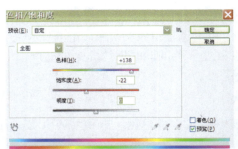
图 6-42　"色相/饱和度"对话框

图 6-43　调整后的图片

技能训练

将如图 6-44 所示的素材图制作成如图 6-45 所示的暗调红色效果。

图 6-44　素材图

图 6-45　暗调红色效果

提示： 本练习要用到的命令有可选颜色、色相/饱和度、曲线、色彩平衡。

任务四　调出清淡的阿宝色调

任务描述

将如图 6-46 所示的素材图片调整成如图 6-47 所示的清淡阿宝色调。

图 6-46　素材图片

图 6-47　清淡的阿宝色调

理论知识

使用"替换颜色"和"可选颜色"命令可对图像中的特定颜色进行修改。"变化"命令常用于对不太精确的色彩进行调整，可以调整图像的色彩平衡、对比度和饱和度。

> **知识链接**
>
> 本任务涉及的工具：可选颜色、替换颜色、通道混合器、匹配颜色、变化。

1. "可选颜色"命令

使用"可选颜色"命令可以对 RGB、CMYK 和灰度等色彩模式的图像进行分通道校色，其设置对话框如图 6-48 所示。在"颜色"下拉列表框中选择要修改的颜色，拖动下面的滑块来改变颜色的组成。"方法"选项包括"相对"和"绝对"。"相对"用于调整现有的颜色值，例如，图像中现有 50% 的红色，如果增加了 10%，则实际增加的红色为 5%；"绝对"用于调整颜色的绝对值，例如，图像中现有 50% 的红色，如果增加了 10%，则增加后有 60% 的红色。图 6-49 和图 6-50 分别为执行"可选颜色"命令前和执行"可选颜色"命令后的效果。

图 6-48 "可选颜色"对话框

图 6-49 执行"可选颜色"命令前

图 6-50 执行"可选颜色"命令后

2. "替换颜色"命令

使用"替换颜色"命令可以替换图像中某区域的颜色，其对话框如图 6-51 所示。可以用吸管工具选择要改变的颜色，"颜色容差"为选择颜色的相似程度。在"替换"区域可拖动滑块来改变颜色的色相、饱和度和明度。图 6-52 和图 6-53 分别为执行"替换颜色"命令前和执行"替换颜色"命令后的效果。

图 6-51 "替换颜色"对话框

图 6-52 执行"替换颜色"命令前

图 6-53 执行"替换颜色"命令后

3. "通道混合器"命令

"通道混合器"命令通过调节通道来调节图像的颜色,其对话框如图 6-54 所示。在"输出通道"下拉列表框中可以选择要更改的颜色通道,然后在"源通道"中可拖动滑块来改变各种颜色。通过改变"常数"项的值,可增加通道的补色。另外,如果选中"单色"复选框,可以制作出灰度的图像。图 6-55 和图 6-56 分别为执行"通道混合器"命令前和执行"通道混合器"命令后的图像。

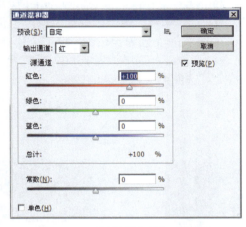

图 6-55 执行"通道混合器"命令前

图 6-56 执行"通道混合器"命令后

图 6-54 "通道混合器"对话框

4. "匹配颜色"命令

"匹配颜色"命令用于匹配不同图像之间、多个图层之间或者多个颜色选区之间的颜色,即将原图像的颜色匹配到目标图像上,使目标图像虽然保持原来的画面,却有与原图像相似的色调。使用该命令还可以通过更改亮度和色彩范围来调整图像中的颜色。图 6-57 和图 6-58 分别为原图与目标图,图 6-59 和图 6-60 分别为"匹配颜色"对话框与调整后的效果。

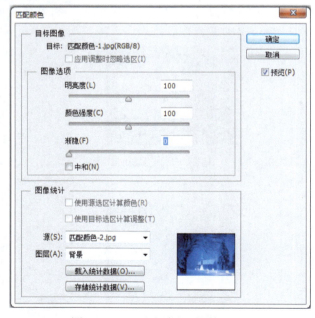

图 6-57 原图

图 6-58 目标图

图 6-60 调整后的效果

图 6-59 "匹配颜色"对话框

5. "变化"命令

使用"变化"命令可以调整图像的色彩平衡、对比度和饱和度,对话框如图 6-61 所示。可以分别调整图像的阴影、中间调、高光和饱和度。拖动滑块可以设定每次调整的粗糙和精细程度。如果需要调整图像的颜色,只要单击相应的图标即可。图 6-62 和图 6-63 分别为调整前和调整后的效果。

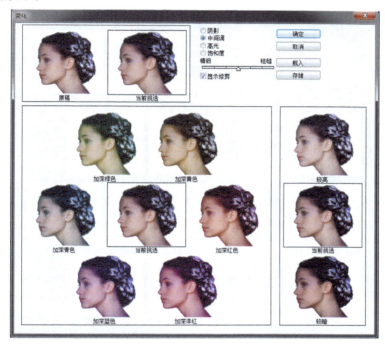

图 6-62 调整前

图 6-63 调整后

图 6-61 "变化"对话框

任务实现

(1)执行"文件"→"打开"命令,弹出"打开"对话框,选择需要编辑的图片,打开该图片,如图 6-64 所示。

(2)选择"图像"→"调整"→"可选颜色"命令,弹出"可选颜色"对话框,调整参数设置如图 6-65 所示。

图 6-64 素材图

a)

b)

c)

图 6-65 "可选颜色"对话框
a)黑色 b)黄色 c)红色

（3）单击"确定"按钮保存调整，调整后的效果如图 6-66 所示。

图 6-66　清淡阿宝色调

技能训练

将图 6-67 所示的素材图制作成如图 6-68 所示的清淡效果。

图 6-67　素材图　　　图 6-68　清淡效果

任务五　调出彩色图像的黑白效果

任务描述

将如图 6-69 所示的彩色照片调整成如图 6-70 所示的黑白效果。

图 6-69　彩色照片　　　图 6-70　调整后的黑白效果

理论知识

对图像应用特殊效果可以使图像产生丰富的变化。

1．"渐变映射"命令

"渐变映射"命令用来将相等的图像灰度范围映射到指定的渐变填充色上。如果指定双色渐变填充，则图像中的暗调映射渐变填充的一个端点颜色，高光映射另一个端点颜色，

> **知识链接**
> 本任务涉及的工具：
> 渐变映射、色调均化、色调分离、照片滤镜。

中间调映射两个端点间的层次。"仿色"复选框使色彩过渡更为平滑;"反向"复选框使渐变逆转方向。原图和"渐变映射"对话框分别如图 6-71 和 6-72 所示,图 6-73 为使用了渐变过渡后的画面效果。

图 6-71　原图

图 6-72　"渐变映射"对话框

图 6-73　使用渐变过渡后的效果

2. "色调均化"命令

使用"色调均化"命令可以重新分配图像中各像素的像素值。当执行此命令时,软件会寻找图像中最亮和最暗的像素值,并且平均所有的亮度值,使图像中最亮的像素代表白色,最暗的像素代表黑色,中间各像素按灰度重新分配。图 6-74 为执行"色调均化"命令前后的效果比较。

3. "色调分离"命令

色调分离是将色调数减少,造成一种色调分离的效果。"色调分离"命令让用户指定图像中每个通道的色调级(或亮度值)的数目,然后将像素映射为最接近的匹配色调。使用该命令可以定义色阶的多少。对于灰阶图像,可以用该命令减少灰阶数量,图 6-75 和图 6-76 分别为原图和"色调分离"对话框,可以直接在对话框中输入数字来定义色调分离的级数。图 6-77 为执行"色调分离"命令后的画面显示。

图 6-74　执行"色调均化"命令前后的效果比较
a)执行"色调均化"命令前
b)执行"色调均化"命令后

图 6-75　原图

图 6-76　"色调分离"对话框

图 6-77　执行"色调分离"命令后的效果

4. "照片滤镜"命令

"照片滤镜"命令是模仿在相机的镜头前放置彩色滤光片的技术来调整色彩平衡和颜色温度。图 6-78、图 6-79 和图 6-80 分别为原图、"照片滤镜"对话框和执行"照片滤镜"命令后的效果图。

图 6-78　原图

图 6-79　"照片滤镜"对话框

图 6-80　执行"照片滤镜"命令后的效果

任务实现

（1）执行"文件"→"打开"命令，弹出"打开"对话框，选择需要编辑的图片，打开该图片，如图6-81所示。

（2）选择"图像"→"调整"→"渐变映射"命令，弹出"渐变映射"对话框，设置"灰度映射所用的渐变"为"黑白渐变"，如图6-82所示。

（3）单击"确定"按钮保存调整，调整后的图像如图6-83所示。

图6-81 彩色照片

图6-82 "渐变映射"对话框

图6-83 调整后的黑白效果

技能训练

将如图6-84所示的彩色照片制作成黑白效果。

图6-84 彩色素材照片

任务六 制作图像底片效果

任务描述

将如图6-85所示的彩色照片调整成如图6-86所示的底片效果。

图6-85 彩色照片

图6-86 底片效果

1. "去色"命令

"去色"命令可以保持图像原来的色彩模式，将彩色图变成灰阶图。

2. "反相"命令

"反相"命令用于产生原图像的负片。转换后像素点的像素值为255减去原图像的像素点值。该命令在通道运算中经常被用到。图6-87为执行"反相"命令前后的效果比较。

> **知识链接**
>
> 本任务涉及的工具：
> 去色、反相、阈值。

a)　　　　　　　　　　　b)

图 6-87　执行"反相"命令前后的效果比较

a）执行"反相"命令前　b）执行"反相"命令后

3. "阈值"命令

使用"阈值"命令可以将彩色图像变成高对比度的黑白图。图 6-88 和图 6-89 为原图和"阈值"对话框。在"阈值"对话框中，拖动滑块可以改变阈值，也可以直接在阈值色阶后面输入数值。当设定阈值时，所有像素值高于此阈值的像素点会变为白色，所有像素值低于此阈值的像素点会变为黑色。图 6-90 为原图改变阈值后的画面显示。

> **知识链接**
>
> 高于阈值的像素点变为白色；
> 低于阈值的像素点变为黑色。

图 6-88　原图　　　　图 6-89　"阈值"对话框　　　图 6-90　调整阈值后效果

任务实现

（1）执行"文件"→"打开"命令，弹出"打开"对话框，选择需要编辑的图片，打开该图片，如图 6-91 所示。

（2）选择"图像"→"调整"→"反相"命令，调整后的效果如图 6-92 所示。

图 6-91　原图　　　　图 6-92　底片效果

技能训练

将图 6-93 所示的素材进行去色处理。

图 6-93　彩色素材照片

任务七　修复广角镜头拍摄的镜头畸变

任务描述

将如图 6-94 所示的镜头畸变照片修复成如图 6-95 所示的效果。

图 6-94　镜头畸变照片

图 6-95　修复后效果

理论知识

1. 认识滤镜菜单

滤镜来源于摄影中的滤光镜，应用滤光镜的功能可以改进图像并产生特殊效果。通过滤镜的处理改变图像像素的位置或颜色，为图像加入纹理、变形、艺术风格和光照等多种特效，从而产生各种特殊的图像效果，让平淡无奇的照片瞬间光彩照人。Photoshop CS6 提供了多达百种的滤镜，这些滤镜经过分组归类后放在"滤镜"菜单中，如图 6-96 所示。同时 Photoshop CS6 还支持第三方开发商提供的增效工具，安装后这些增效工具滤镜出现在"滤镜"菜单的底部，使用方法同内置滤镜相同。对于 RGB 颜色模式的图像，可以使用任何滤镜功能。按〈Ctrl+F〉快捷键，可以重复执行上次使用的滤镜。虽然滤镜使用起来非常简单，但是真正用得好并不容易。通常滤镜需要和图层、通道等联合使用，才能取得较好的艺术效果。用好滤镜，除了要有美术功底以外，还需要对滤镜相当熟悉，并需要具有丰富的想象力。这样，才能有的放矢地应用滤镜，最大限度地发挥滤镜的功能。

> **知识链接**
>
> 本任务涉及的工具：
> 转换为智能滤镜、自适应广角、镜头校正。

图 6-96　"滤镜"菜单

2. 滤镜的基本操作

（1）使用滤镜的一些技巧。滤镜功能强大，使用起来千变万化，运用得体可以产生各种各样的特效。下面是使用滤镜的一些技巧：

1）可以对单独的某一图层图像使用滤镜，然后通过色彩混合而合成图像。

2）可以对单一的色彩通道或 Alpha 通道执行滤镜，然后合成图像，或将 Alpha 通道中的滤镜效果应用到主画面中。

3）可以选择某一选区范围执行滤镜效果，并对选区范围边缘施以羽化，以便选区范围中的图像和原图像融合在一起。

4)可以将多个滤镜组合使用,从而制作出漂亮的文字、图像或底纹。

(2)上次滤镜操作。当执行完一个滤镜操作后,在"滤镜"菜单的第一行会出现刚才使用过的滤镜,单击该命令可以以相同的参数,再次执行该滤镜操作。

(3)转换为智能滤镜。普通的滤镜功能一旦执行,原图层就被更改为滤镜效果了,如果效果不理想,只能从历史记录里退回到执行前。而智能滤镜,就像给图层加样式一样,在Photoshop CS6"图层"面板中,可以把这个滤镜删除,或者重新修改这个滤镜的参数,可以关掉滤镜效果的眼睛图标而显示原图,所以很方便再次修改。在Photoshop CS6菜单栏中选择"滤镜"→"转换为智能滤镜"命令;在弹出的对话框中单击"确定"按钮,转换为智能对象的图层效果对比如图6-97所示。

(4)自适应广角。对于摄影师以及喜欢拍照的摄影爱好者来说,拍摄风光或者建筑必然要使用诸如EF 16-35mm F2.8L Ⅱ或类似焦距的广角镜头进行拍摄。使用广角镜头拍摄照片时,都会有镜头畸变的情况,让照片边角位置出现弯曲变形,即使昂贵的镜头也是如此。Photoshop CS6的"滤镜"菜单中有一个全新的"自适应广角"命令。该命令可以在使用Photoshop CS6处理广角镜头拍摄的照片时,对镜头所产生的变形进行处理,得到一张没有变形的照片。

(5)镜头校正。"镜头校正"滤镜根据各种相机与镜头的测量自动校正,可以轻易消除桶状和枕状变形、相片周边暗角,以及造成边缘出现彩色光晕的色相差。选择"滤镜"→"镜头校正"命令,或按<Shift+Ctrl+R>快捷键,打开"镜头校正"对话框。该对话框中"自动校正"选项卡的"搜索条件"选项区域中,可以选择设置相机的品牌、型号和镜头型号,如图6-98所示。

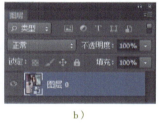

图6-97 执行"转换为智能滤镜"命令前后的图层对比　　图6-98 "搜索条件"选项区域
a)执行"转换为智能滤镜"命令前　b)执行"转换为智能滤镜"命令后

任务实现

任务实现步骤:
(1)打开素材图片。
(2)执行"滤镜"→"转换为智能滤镜"命令,将图层转换为智能对象。
(3)按<Shift+Ctrl+A>快捷键,打开"自适应广角"对话框(或在菜单栏中执行"滤镜"→"自适应广角"命令),如图6-99所示。
(4)在左侧工具栏选择"约束工具　",在图像预览中有变形的起始位置单击鼠标,移动鼠标指针到变形终点位置后再次单击鼠标,将会出现一道线,这道线会自动沿着变形曲面计算广角变形,从而修改变形为一条直线,如图6-100所示。
(5)使用同样的方法对变形位置进行校正,如图6-101所示。
(6)调整变形完毕后,单击"确定"按钮,完成修复操作。

视觉营销设计技术

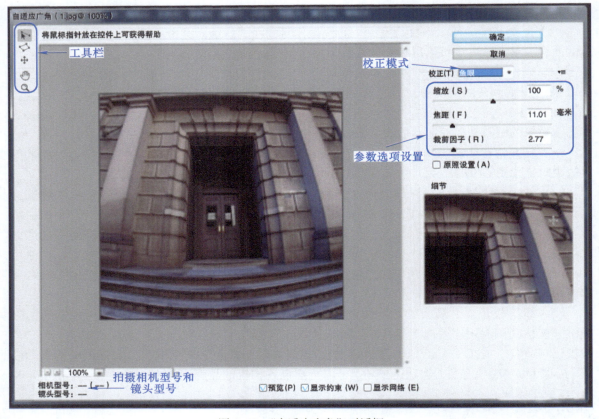

图 6-99 "自适应广角"对话框

图 6-100 "约束工具"的使用

图 6-101 对变形位置进行校正后的效果

技能训练

将图 6-102 所示的素材进行"镜头校正"处理。

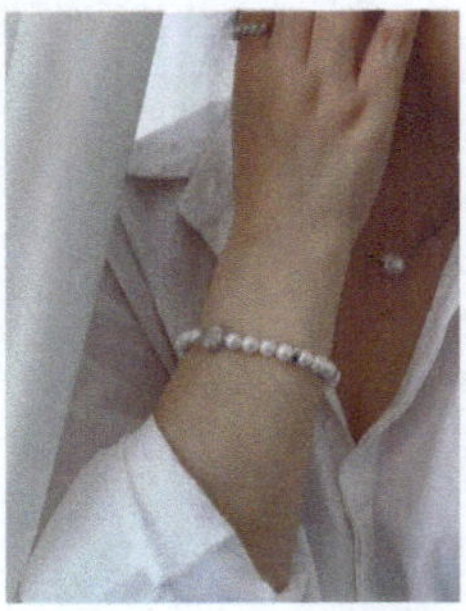

图 6-102 彩色素材图片

任务八　制作油画效果

任务描述

将如图 6-103 所示的素材图制作成如图 6-104 所示的油画效果。

图6-103 素材图

图6-104 油画效果

理论知识

"滤镜库"整合了"风格化""画笔描边""扭曲"和"素描"等多个滤镜组的对话框，它可以将多个滤镜同时应用于同一图像，也能对同一图像多次应用同一滤镜，或者用其他滤镜替换原有的滤镜。

执行"滤镜"→"滤镜库"命令，可以打开"滤镜库"对话框，如图6-105所示。在"滤镜库"对话框中，左侧是预览区，中间是6组可供选择的滤镜，右侧是参数设置区。

图6-105 "滤镜库"对话框

预览区：用来预览滤镜效果。

滤镜组/参数设置区："滤镜库"中包含6组滤镜，单击一个滤镜组前的"▶"按钮，可以展开该滤镜组，单击滤镜组中的一个滤镜即可使用该滤镜，与此同时，右侧的参数设置区内会显示该滤镜的参数选项。

任务实现

任务实现步骤：

（1）打开素材图片"油画效果原图"。

（2）将"背景"图层拖曳至"图层"面板上的"创建新图层 ▫"按钮上3次，得到"背景副本""背景副本2""背景副本3"图层，调整图层顺序如图6-106所示。

图6-106 "图层"面板上的图层顺序

（3）将"背景副本2"图层和"背景副本3"图层隐藏。选择"背景副本"图层，执行"滤镜"→"模糊"→"方框模糊"命令，弹出"方框模糊"对话框，将"模糊半径"设置为10像素，得到的效果如图6-107所示。

图6-107 "方框模糊"处理后效果

（4）选择并显示"背景副本2"图层，执行"滤镜"→"滤镜库"命令，在弹出的对话框中选择"画笔描边"→"喷溅"，设置参数如图6-108所示，得到的效果如图6-109所示。

（5）将"背景副本2"图层的图层混合模式设置为"叠加"，效果如图6-110所示。

（6）选择并显示"背景副本3"图层，执行"滤镜"→"滤镜库"命令，在弹出的对话框中选择"艺术效果"→"粗糙蜡笔"，设置参数如图6-111所示，得到的效果如图6-112所示。

图6-109 "喷溅"处理后效果

图6-108 "喷溅"对话框

图6-110 修改图层混合模式后效果

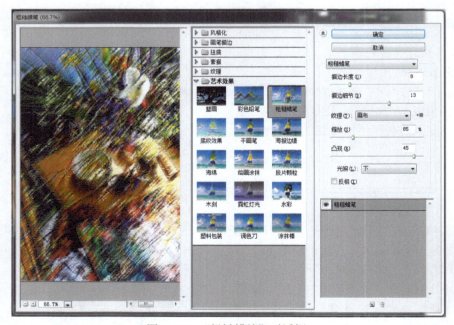

图6-111 "粗糙蜡笔"对话框

图6-112 "粗糙蜡笔"处理后效果

（7）将"背景副本 3"图层的不透明度设置为 70%。将前景色设置为黑色，选择工具箱中的画笔工具，在工具设置栏中设置柔角的笔刷，将不透明度和流量均设置为 50%，在图像中需要减少油画纹理效果的部分涂抹，完成油画效果制作。

技能训练

1. 将如图 6-113 所示的素材图制作成如图 6-114 所示的素描效果。
2. 将如图 6-115 所示的素材图制作成如图 6-116 所示的暴风雪效果。

图 6-113　素材图　　图 6-114　素描效果　　图 6-115　素材图　　图 6-116　暴风雪效果

提示：

（1）打开素材图片，建立新图层，填充"50% 灰色"，确定"前景色"为黑色，"背景色"为白色，执行"滤镜"→"滤镜库"命令，选择"素描"的"绘图笔"滤镜。

（2）选择"色彩范围"的"高光"选项，按〈Delete〉键删除选择的部分，去掉没有雪的部分，然后反选选区，用白色填充，取消选区。

（3）最后可以用"高斯模糊"命令和"USM 锐化"命令，使雪片更逼真。

任务九　制作瘦身效果

任务描述

使用"液化"滤镜将图 6-117a 所示的素材图调整为如图 6-117b 所示的瘦身效果。

a)　　　　　　　　b)

图 6-117　利用"液化"滤镜制作瘦身效果

a) 素材图　b) 瘦身后效果图

理论知识

"液化"滤镜可以使图像扭曲变形。在"液化"滤镜对话框中使用相应的工具，可以推、拉、旋转、反射、折叠和膨胀图像的任意区域，从而使图像画面产生特殊的艺术效果。需要注意的是，"液化"滤镜在"索引颜色""位图"和"多通道"模式中不可用。

执行"文件"→"打开"命令，弹出"打开"对话框，选择需要调整的图片，打开该图片。执行"滤镜"→"液化"命令，或按〈Shift+Ctrl+X〉快捷键，打开"液化"滤镜对话框，如图 6-118 所示。

（1）向前变形工具：在图像中拖动鼠标时可向前推动像素。

（2）重建工具：用来恢复图像。

（3）褶皱工具：在图像中单击鼠标或拖动时可以使像素向画笔区域中心移动，使图像产生向内收缩的效果。

（4）膨胀工具：在图像中单击鼠标或拖动时可以使像素向画笔区域中心以外的方向移动，使图像产生向外膨胀的效果。

（5）左推工具：在图像上向上推动时，像素向左移动；在图像上向下推动时，则像素向右移动。按住〈Alt〉键在图像上垂直向上推动时，像素向右移动。按住〈Alt〉键向下推动时，像素向左移动。如果围绕对象顺时针推动，可使其增大，逆时针拖移时则使其减小。

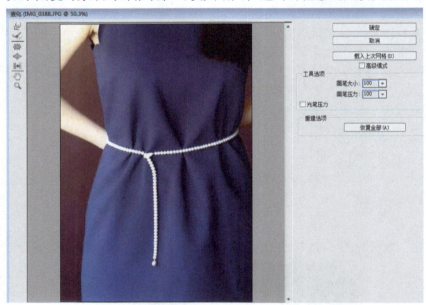

图 6-118 "液化"滤镜对话框

任务实现

任务实现步骤：

（1）打开素材图片。

（2）按〈Shift+Ctrl+X〉快捷键，或在菜单栏执行"滤镜"→"液化"命令，打开"液化"滤镜对话框。

（3）选择"向前变形工具"，设置好右侧的"工具选项"参数，在人物腰部按住鼠标左键向里推动，使腰部变细，对比效果如图 6-119 所示。

（4）如果对腰部变形效果不太满意，可选择"重建工具 "，在腰部不太满意的变形区域单击或按住鼠标左键拖动鼠标进行涂抹，可以使变形区域的图像恢复为原来的效果。

（5）选择"膨胀工具 "，设置好右侧的"工具选项"参数，在图像中的珠子上单击鼠标，使珠子变大，对比效果如图 6-120 所示。

图 6-119 使用"向前变形工具"前后效果对比
a）使用"向前变形工具"前　b）使用"向前变形工具"后

图 6-120 使用"膨胀工具"前后效果对比
a）使用"膨胀工具"前　b）使用"膨胀工具"后

（6）使用类似方法完成图像其他部分的瘦身。

技能训练

将图 6-121 所示的素材图应用液化滤镜进行瘦身，制作成如图 6-122 所示的效果。

图 6-121 素材图　　　　图 6-122 效果图

任务十　制作彩色旋风特效

任务描述

将如图 6-123 所示的素材图制作成如图 6-124 所示的彩色旋风特效。

图 6-123 素材图

图 6-124 彩色旋风特效

理论知识

一、"风格化"滤镜组

"风格化"滤镜组中滤镜命令可以通过置换像素和查找增加图像的对比度,使图像生成手绘图像或印象派绘画的效果。该滤镜组包括 8 个滤镜,如图 6-125 所示。

图 6-125 "风格化"滤镜组

> **知识链接**
>
> 本任务涉及的工具:
> "风格化"滤镜组(8 个滤镜)、"模糊"滤镜组(14 个滤镜中的 8 个)、"扭曲"滤镜组(9 个滤镜)、"锐化"滤镜组(5 个滤镜)。

1. 查找边缘

"查找边缘"滤镜可搜寻主要颜色变化的区域,并强化其过渡像素,使图像看起来如同铅笔勾画过的轮廓一样。该滤镜不需要设置参数。执行"滤镜"→"风格化"→"查找边缘"命令,即可得到应用"查找边缘"滤镜效果。图 6-126 为应用"查找边缘"滤镜的前后对比效果。

2. 等高线

"等高线"滤镜可以查找主要亮度区域的轮廓,并在白色背景上对每个颜色通道淡淡地勾勒其主要亮度区域。"等高线"对话框如图 6-127 所示。

该滤镜包含如下参数:
(1)色阶:用于控制查找颜色的主要亮度区域的阈值。
(2)边缘:"较低"勾勒像素的颜色值低于指定色阶的区域,"较高"勾勒像素的颜色值高于指定色阶的区域。

a)

b)

图 6-126 应用"查找边缘"滤镜的前后对比效果
a)应用"查找边缘"滤镜前
b)应用"查找边缘"滤镜后

3. 风

"风"滤镜通过在图像中添加一些小的水平线生成起风的效果。"风"对话框如图 6-128 所示,应用该滤镜的效果如图 6-129 所示。

4. 浮雕效果

"浮雕效果"滤镜通过勾画图像或选区的轮廓和降低周围色值来产生浮凸感,使图像生成一种类似浮雕的效果。"浮雕效果"对话框如图 6-130 所示。

该滤镜包含如下参数:

（1）角度：设置浮雕的角度，即浮雕受光和背光的角度。
（2）高度：控制创建浮雕的高度。
（3）数量：设置创建浮雕的数值，数值越大效果越明显。

5．扩散

"扩散"滤镜可以产生透过磨砂玻璃观察图片的分量模糊效果，"扩散"对话框如图 6-131 所示。

图 6-127　"等高线"对话框　　　图 6-128　"风"对话框　　　图 6-129　应用"风"滤镜的效果

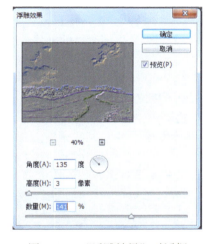

图 6-130　"浮雕效果"对话框　　　　　图 6-131　"扩散"对话框

该滤镜包含如下参数：
（1）正常：以随机方式移动图像像素，忽略颜色值。
（2）变暗优先：突出显示图像中的暗色像素部分，用较暗的像素替换较亮的像素。
（3）变亮优先：突出显示图像中的亮色像素部分，用较亮的像素替换较暗的像素。
（4）各向异性：在颜色变化最小的方向上搅乱像素。

6．拼贴

"拼贴"滤镜可以使图像产生瓷砖效果，应用"拼贴"滤镜前后的效果对比如图 6-132 所示。

7. 曝光过度

"曝光过度"滤镜可以将图像正片和负片混合，与在冲洗过程中将照片简单地曝光以加亮相似，相当于在摄影中增加光线强度产生的过度曝光效果。该滤镜不需要设置参数，应用"曝光过度"滤镜前后的效果对比如图6-133所示。

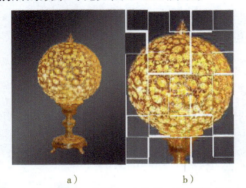

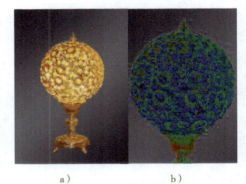

图6-132 应用"拼贴"滤镜前后的效果对比图
a）应用"拼贴"滤镜前 b）应用"拼贴"滤镜后

图6-133 应用"曝光过度"滤镜前后的效果对比图
a）应用"曝光过度"滤镜前 b）应用"曝光过度"滤镜后

8. 凸出

"凸出"滤镜可以根据图像的内容，将图像转换为三维立体图像或锥体。"凸出"对话框如图6-134所示。

该滤镜包含如下参数：

（1）类型：选择创建的三维效果的类型，可以是块或金字塔。"块"用正方体来填充图像；"金字塔"用三棱锥来填充图像。

（2）大小：控制要创建的三维立体的底边大小。

（3）深度：用于控制三维立体的凸出程度。如果选中"随机"单选钮，则随机化深度控制；如果选中"基于色阶"单选钮，则根据图像的色阶来调整三维立体的凸出程度。

（4）立方体正面：在立方体的表面涂上物体的平均色。

（5）蒙版不完整块：使图像立体化后超出选区的部分保持不变，使滤镜的效果限制在选区之内。

应用"凸出"滤镜创建"块"凸出和"金字塔"凸出的效果对比如图6-135所示。

图6-134 "凸出"对话框

图6-135 应用"凸出"滤镜创建"块"凸出和"金字塔"凸出的效果对比
a）"块"凸出 b）"金字塔"凸出

二、模糊滤镜组

"模糊"滤镜组主要通过削弱相邻间像素的对比度，使像素间的过渡平滑，从而产生边缘柔和、模糊的效果。该滤镜组包括 14 个滤镜，如图 6-136 所示。

下面对 8 个常用滤镜进行讲解：

1. 动感模糊

"动感模糊"滤镜可以对像素进行线性位移，使一个静态的图像产生动态效果，如同拍摄处于运动状态物体的照片。应用"动感模糊"滤镜前后的效果对比如图 6-137 所示。在"动感模糊"对话框中可以设置如下参数：

图 6-136 "模糊"滤镜组

（1）角度：可以控制动感模糊的方向，即产生该方向的位移。

（2）距离：可以设置像素移动的距离。这里的移动并非简单地发生位移，而是在"距离"限制范围内，按照某种方式复制并叠加像素，再经过对透明度的处理才得到的。取值越大，模糊效果也就越强。

2. 高斯模糊

"高斯模糊"滤镜利用高斯曲线的分布模式有选择地模糊图像。高斯模糊利用的是钟形高斯曲线，其特点为中间高、两边低，呈尖峰状。"高斯模糊"滤镜除了可以用来处理图像模糊效果之外，还可以用来修饰图像。如果图像杂点太多，用户可以使用该滤镜处理图像，使图像看起来更为平顺。在"高斯模糊"对话框中可以通过设置模糊半径来决定图像的模糊程度，其值越小，则模糊效果越弱。使用该滤镜前后的效果对比如图 6-138 所示。

图 6-137 应用"动感模糊"滤镜前后的效果对比图　　图 6-138 应用"高斯模糊"滤镜前后的效果对比图
a）应用"动感模糊"滤镜前　b）应用"动感模糊"滤镜后　　a）应用"高斯模糊"滤镜前　b）应用"高斯模糊"滤镜后

3. 进一步模糊

"进一步模糊"滤镜同"模糊"滤镜一样，可以使图像产生模糊的效果，但所产生的模糊程度不同，相比而言，其模糊程度为"模糊"滤镜的 3～4 倍。

4. 径向模糊

"径向模糊"滤镜可以模拟缩放或旋转的相机所产生的模糊，产生一种柔化的模糊。"径向模糊"对话框如图 6-139 所示。应用"径向模糊"滤镜前后的效果对比如图 6-140 所示。

该滤镜包含如下参数：

（1）数量：用于定义径向模糊强度，其取值范围为 1～100 的整数，取值越大则模糊效果越强。

（2）中心模糊：设置径向模糊开始的位置，即模糊区域的中心位置。设置时，只要将光标移动到预览框中合适的位置并单击鼠标即可。

（3）模糊方法：包括"旋转"和"缩放"两种方式。选中"旋转"时，滤镜处理后产生旋转模糊的效果；选中"缩放"，则产生放射状模糊的效果，该效果类似于照相机在前后移动或改变焦距的过程中拍下的照片。

（4）品质：用于设置"径向模糊"滤镜处理图像的质量。品质越好，则处理的速度就越慢。

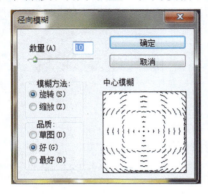 

图 6-139　"径向模糊"对话框　　　图 6-140　应用"径向模糊"滤镜前后的效果对比图
　　　　　　　　　　　　　　　　　　　a）应用"径向模糊"滤镜前　b）应用"径向模糊"滤镜后

5. 镜头模糊

"镜头模糊"滤镜通过向图像中添加模糊以产生更窄的景深效果，以便使图像中的一些对象在焦点内，而使另一些区域变模糊。可以使用简单的选区来确定哪些区域变模糊，或者可以提供单独的 Alpha 通道深度映射来准确描述希望如何增加模糊。"镜头模糊"对话框如图 6-141 所示。

图 6-141　"镜头模糊"对话框

该滤镜包含如下参数：

（1）预览：设置预览的方式。

（2）深度映射：用于设置调整镜头模糊的远近。通过拖动"模糊焦距"下方的滑块，便可改变模糊镜头的焦距。

（3）光圈：用于调整光圈的形状和模糊范围的大小。

（4）镜面高光：用于调整模糊镜面的亮度强弱。

（5）杂色：用于设置模糊过程中所添加的杂点的多少和分布方式。该选项区域与添加杂色滤镜的相关参数设置相同。

6. 模糊

"模糊"滤镜可以使图像产生模糊效果来柔化边缘，其原理是利用相邻像素的平均值来代替相似的图像区域。该滤镜没有参数，主要用于柔化选区或整个图像，这在修饰图片时非常有用。

7. 平均

使用"平均"滤镜可以找出图像或选区的平均颜色，然后用该颜色填充像素或选区以创建平滑的外观。使用该滤镜不需要设置参数。

8. 特殊模糊

"特殊模糊"滤镜通过找出图像边缘以及模糊边缘以内的区域，从而产生一种清晰边缘的模糊效果。"特殊模糊"对话框如图 6-142 所示。

该滤镜包含如下参数：

（1）半径：设置滤镜搜索不同像素的范围，取值越大，则模糊效果越明显。

图 6-142 "特殊模糊"对话框

（2）阈值：设置像素被擦除前与周围像素的差别，只有当相邻像素间的亮度之差超过阈值的限制时，才能对其进行特殊模糊。

（3）品质：设置模糊效果的品质，有低、中、高 3 个选项。

（4）模式：包含正常、仅限边缘、叠加边缘 3 种模糊图像模式。"正常"模式下，模糊效果与其他模糊滤镜基本相同；"仅限边缘"模式，以黑色显示作为图像背景，以白色勾绘出图像边缘像素亮度变化强烈的区域；"叠加边缘"模式相当于"正常"模式和"仅限边缘"模式叠加作用的效果。

三、扭曲滤镜组

"扭曲"滤镜组将图像进行几何扭曲，创建 3D 或其他变形效果。其中既有平面的扭曲效果，如非正常拉伸、扭曲等；也有三维或是其他变形效果，如模拟水波和玻璃等效果。该滤镜组包括 9 个滤镜，如图 6-143 所示。

1. 波浪

"波浪"滤镜是一个比较复杂的滤镜，它可以根据用户设定的不同波长产生不同的波动效果。"波浪"对话框如图 6-144 所示。

该滤镜包含如下参数：

（1）生成器数：用于设置产生波浪的波源数量，变化范围为 1 ~ 999。

（2）波长：设置相邻两波峰之间的水平距离。其中最短波长不能超过最长波长。

（3）波幅：用于设置波浪的高度。

（4）比例：调整水平和垂直方向的波动幅度的比例。

（5）类型：选项中有正弦、三角形、方形3个单选钮，用于设置波动的方式。

（6）未定义区域：定义了两种边缘空缺处理方式，具体功能同切变滤镜。

（7）随机化：用于设定随机波浪效果，可以多次单击重复操作。

图 6-143 "扭曲"滤镜组

图 6-144 "波浪"对话框

2. 波纹

"波纹"滤镜可以在选区中产生起伏的图案，就像水池表面的波纹。可以在该滤镜的对话框中设置"数量"来控制水纹的大小，通过"大小"选项设置产生波纹的方式，包括大、中、小3种。

3. 极坐标

"极坐标"滤镜的功能是将图像坐标从平面坐标转化为极坐标，或者将极坐标转化为平面坐标。应用"极坐标"滤镜前后的效果对比如图 6-145 所示。

4. 挤压

"挤压"滤镜使选定范围或图像产生挤压变形的效果。在"挤压"对话框的"数量"文本框中输入数值来设置产生变形的程度，数值范围是 -100% ~ +100%。为正值时，图像向内变形；为负值时，图像向外变形。应用"挤压"滤镜前后的效果对比如图 6-146 所示。

a)　　　　　　　　　b)

图 6-145 应用"极坐标"滤镜前后的效果对比图
a）应用"极坐标"滤镜前　b）应用"极坐标"滤镜后

a)　　　　　　　　　b)

图 6-146 应用"挤压"滤镜前后的效果对比图
a）应用"挤压"滤镜前　b）应用"挤压"滤镜后

5. 切变

"切变"滤镜可以沿一条曲线扭曲图像，其对话框如图 6-147 所示。

在"切变"对话框中,可以通过调整曲线上的任意一点来指定曲线,形成一条扭曲曲线。如果要删除其中的某个控制点,只需将其拖出区域即可。在"未定义区域"中还包含两个单选按钮,其含义如下:

(1)折回:以图像中弯曲出去的部分来填充空白区域。

(2)重复边缘像素:以图像中扭曲边缘的像素来填充空白区域。

6. 球面化

"球面化"滤镜通过将选区折成球形、扭曲图像以及伸展图像以适合选中的曲线,使对象具有 3D 效果。在"球面化"对话框中可以设置数量改变球面化的程度,通过选择不同的模式产生不同的效果。应用"球面化"滤镜前后的效果对比如图 6-148 所示。

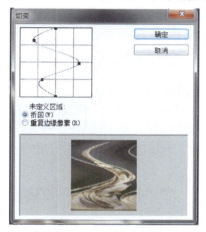

图 6-147 "切变"对话框

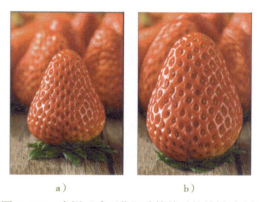

a)　　　　　　　　b)

图 6-148　应用"球面化"滤镜前后的效果对比图

a)应用"球面化"滤镜前　b)应用"球面化"滤镜后

7. 水波

"水波"滤镜可以在选区上创建波状起伏的图案,像水池表面的波纹。"水波"对话框如图 6-149 所示。应用"水波"滤镜前后的效果对比如图 6-150 所示。

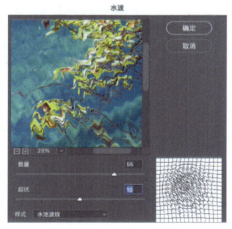

图 6-149 "水波"对话框

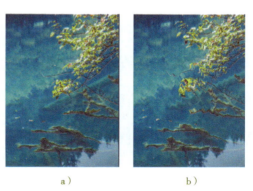

a)　　　　　　　　b)

图 6-150　应用"水波"滤镜前后的效果对比图

a)应用"水波"滤镜前　b)应用"水波"滤镜后

该滤镜包含如下参数：
（1）数量：设置水波的波纹数量。
（2）起伏：设置水波的起伏程度。
（3）样式：设置水波的形态，包括围绕中心、从中心向外、水池波纹3种样式。

8. 旋转扭曲

"旋转扭曲"滤镜可以使图像产生一种漩涡效果，漩涡中心为选择区域的中心，中心的旋转程度比边缘大。在"旋转扭曲"对话框中可以设置扭曲的角度，当角度值为正值时，图形顺时针旋转；反之则逆时针旋转。应用"旋转扭曲"滤镜前后的效果对比如图6-151所示。

9. 置换

"置换"滤镜可用另一幅图像中的颜色、形状和纹理等来确定当前图像中图形的改变形式及扭曲方式，最终将两个图像组合在一起，产生不定方向的位移效果。这个"另一幅图像"就称为置换图，必须是PSD文件。

使用的置换图如果是白色（色调值=00）则为最大的负位移，即将待处理图像中的相应像素向左上方移动。如果是黑色（色调值=FF）则为最大的正位移，即将待处理图像中的相应像素向右下方移动。如果是灰色（色调值=7FH）则不产生位移。

如果置换图有多个通道，则第一个通道控制水平置换，第二个通道控制垂直置换。"置换"对话框如图6-152所示。

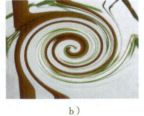

a)   b)

图6-151 应用"旋转扭曲"滤镜前后的效果对比图
a）应用"旋转扭曲"滤镜前 b）应用"旋转扭曲"滤镜后

图6-152 "置换"对话框

该滤镜包含如下参数：
（1）水平比例：设置水平方向的变形比例，值越大，越清晰。
（2）垂直比例：设置垂直方向的变形比例，值越大，越清晰。
（3）置换图：当置换图和所选区域大小不同时，若选中"伸展以适合"单选按钮，将重新调整置换图的尺寸，使它覆盖整个区域；若选中"拼贴"单选按钮，则不改变置换图的大小，而是通过重复拼贴的方式来填充整个区域。

应用"置换"滤镜前后的效果对比如图6-153所示。

a)   b)

图6-153 应用"置换"滤镜前后的效果对比图
a）应用"置换"滤镜前 b）应用"置换"滤镜后

四、锐化滤镜组

"锐化"滤镜组通过增加相邻像素的对比度来聚焦模糊的图像,从而使图像的轮廓分明、效果清晰。该滤镜组包括 5 个滤镜,如图 6-154 所示。

图 6-154 "锐化"滤镜组

1. USM 锐化

"USM 锐化"滤镜会在图像边缘的每侧生成一条亮线和一条暗线,产生边缘轮廓锐化效果,可用于校正摄影、扫描、重新取样或打印过程中产生的模糊。该滤镜包含如下参数:

(1)数量:用于调节锐化的程度,该值越大,锐化效果越明显。

(2)半径:用于设置图像轮廓周围被锐化的范围,值越大,效果越明显。

(3)阈值:用于设置锐化的相邻像素必须达到的最低差值。只有对比度差值高于此值的像素才会得到锐化处理。

应用"USM 锐化"滤镜前后的效果对比如图 6-155 所示。

2. 锐化与进一步锐化

"锐化"滤镜可以增加图像像素之间的对比度,使图像清晰化,该滤镜没有任何参数,如果希望效果更加明显,可以重复使用该滤镜。

"进一步锐化"滤镜和"锐化"滤镜功能相似,只是锐化效果更加强烈。

图 6-156 为原图、锐化效果和进一步锐化效果对比。

图 6-155 应用"USM 锐化"滤镜前后的效果对比图
a)应用"USM 锐化"滤镜前 b)应用"USM 锐化"滤镜后

图 6-156 原图、锐化效果和进一步锐化效果对比
a)原图 b)锐化效果 c)进一步锐化效果

3. 锐化边缘

"锐化边缘"滤镜查找图像中颜色发生显著变化的区域,然后将其锐化。"锐化边缘"滤镜只锐化图像的边缘轮廓,使不同颜色的分界线更为明显,从而得到较清晰的效果,又不会影响到图像的细节部分。

任务实现

任务实现步骤:

（1）打开素材图片。

（2）执行"滤镜"→"模糊"→"径向模糊"命令，打开"径向模糊"对话框，如图6-157所示设置相关参数。

（3）按<Ctrl+F>键重复上一次的"径向模糊"滤镜操作4次，得到如图6-158所示的效果。

（4）执行"滤镜"→"扭曲"→"旋转扭曲"命令，打开"旋转扭曲"对话框，参数设置如图6-159所示，完成彩色旋风特效。

  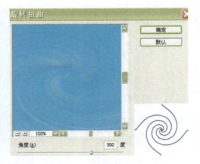

图6-157 "径向模糊"对话框　　图6-158 重复4次"径向模糊"滤镜　　图6-159 "旋转扭曲"对话框

技能训练

在彩色旋风特效的基础上，在网上找到相似的素材制作如图6-160所示的特效。

图6-160 效果图

任务十一　制作水波纹特效

任务描述

使用多种滤镜制作如图6-161所示的水波纹特效。

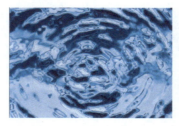

图6-161 水波纹特效

理论知识

一、"视频"滤镜组

"视频"滤镜组属于 Photoshop 的外部接口程序，用来从外部设备输入图像或将图像输出到外部设备上。该滤镜组包括 2 个滤镜，如图 6-162 所示。

图 6-162 "视频"滤镜组

> **知识链接**
>
> 本任务涉及的工具：
> "视频"滤镜组（2 个滤镜）、"像素化"滤镜组（7 个滤镜）、"渲染"滤镜组（5 个滤镜）、"杂色"滤镜组（5 个滤镜）、其他滤镜组（5 个滤镜）、"Digimarc"滤镜组。

1. "NTSC 颜色"滤镜

"NTSC 颜色"滤镜可以解决当使用 NTSC 方式向外部设备输出图像时，色域变窄的问题，可将色域限制为外部设备可接收的颜色，将某些饱和度过高的颜色转化成近似的颜色，降低饱和度，以匹配 NTSC 视频标准色域。

2. "逐行"滤镜

"逐行"滤镜可以去掉视频图像中的奇数或偶数交错行，使图像变得平滑、清晰。当从外部设备输入视频时，此滤镜可用于消除出现在视频图像部分中的混杂信号的干扰。

二、"像素化"滤镜组

"像素化"滤镜组通过使单元格中颜色值相近的像素结成块来清晰地定义一个选区。该滤镜组包括 7 个滤镜，如图 6-163 所示。

1. 彩块化

"彩块化"滤镜通过提取图像中的颜色特征，再将相近的颜色合并，使这些颜色变化平展一些。"彩块化"滤镜不需要设置任何参数，如果想要增强滤镜效果，可以多次使用。

2. 彩色半调

"彩色半调"滤镜可以生成一种彩色半调印刷图像的放大效果，即将图像中的所有颜色用黄色、品红、青色、黑色四色网点的相互叠加进行再现的效果。对于每个通道，"彩色半调"滤镜将图像划分为矩形，并用圆形替换每个矩形。圆形的大小与矩形的亮度成比例。"彩色半调"对话框如图 6-164 所示。

该滤镜包含如下参数：

（1）最大半径：设置半调网点的最大半径，范围是 4～127 像素。

（2）网角（度）：输入 4 个通道的网点与实际水平线的夹角。不同的色彩模式使用的通道数不同。灰度图像只使用通道 1，RGB 图像使用通道 1、2、3，CMYK 图像使用所有通道。

应用"彩色半调"滤镜前后的效果对比如图 6-165 所示。

图6-163 "像素化"滤镜组　　图6-164 "彩色半调"对话框　　图6-165 应用"彩色半调"滤镜前后的效果对比图

a）应用"彩色半调"滤镜前　b）应用"彩色半调"滤镜后

3. 点状化

"点状化"滤镜将图像中的颜色分解为随机分布的网点，如同点状化绘画一样，并使用背景色作为网点之间的画布区域。在其对话框中可以设置单元格大小，数值越大，颗粒越大。应用"点状化"滤镜前后的效果对比如图6-166所示。

4. 晶格化

"晶格化"滤镜可使像素结块，形成多边形结晶体般的块状效果。其对话框中的"单元格大小"用于设置多边形分块的大小，数值越大，产生的结晶体越大，范围为3～300像素。应用"晶格化"滤镜前后的效果对比如图6-167所示。

图6-166 应用"点状化"滤镜前后的效果对比图　　图6-167 应用"晶格化"滤镜前后的效果对比图

a）应用"点状化"滤镜前　b）应用"点状化"滤镜后　　a）应用"晶格化"滤镜前　b）应用"晶格化"滤镜后

5. 马赛克

"马赛克"滤镜可使图像中的像素结成块，这样图像就会以块状的形式表现出来。给定块中的像素颜色相同，块颜色代表选区中的颜色。可以先选取图像中的部分区域，然后使用"马赛克"滤镜。应用"马赛克"滤镜前后的效果对比如图6-168所示。

6. 碎片

"碎片"滤镜可以创建图像像素的4个副本，将他们平均并相互偏移。使用该滤镜不需要设置任何参数。应用"碎片"滤镜前后的效果对比如图6-169所示。

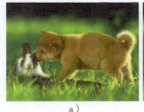 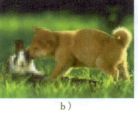  

图6-168 应用"马赛克"滤镜前后的效果对比图　　图6-169 应用"碎片"滤镜前后的效果对比图

a）应用"马赛克"滤镜前　b）应用"马赛克"滤镜后　　a）应用"碎片"滤镜前　b）应用"碎片"滤镜后

7. 铜版雕刻

"铜版雕刻"滤镜可以将图像转换为黑白区域的随机图案或彩色图像中完全饱和颜色的随机图案。在该滤镜对话框中可以设置铜版雕刻的网点图案类型,其中包括精细点、中长直线、长描边等 10 种效果。应用"铜版雕刻"滤镜前后的效果对比如图 6-170 所示。

a) b)

图 6-170 应用"铜版雕刻"滤镜前后的效果对比图

a)应用"铜版雕刻"滤镜前 b)应用"铜版雕刻"滤镜后

三、"渲染"滤镜组

"渲染"滤镜组能够在图像中产生光线照明效果,可以产生不同的光源效果,比如夜景。此外,还可以创建三维的造型,如球体、圆柱体和立方体等。该滤镜组包括 5 个滤镜,如图 6-171 所示。

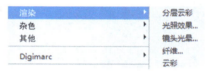

图 6-171 "渲染"滤镜组

1. 分层云彩

"分层云彩"滤镜首先将图像的前景色和背景色随机生成柔和的云彩图案,然后将生成的云彩和原来的像素用差值模式进行混合。

2. 光照效果

"光照效果"滤镜是一个强大的灯光效果制作滤镜,通过模拟光源照射在图像上的效果,产生复杂的变化。Photoshop CS6 提供了 17 种光照样式、3 种光照类型和 4 套光照属性,可以在图像上产生多种光照效果,还可以使用灰度文件的纹理(称为凹凸图)产生类似 3D 效果。执行"滤镜"→"渲染"→"光照效果"命令,打开光照效果设置栏,如图 6-172 所示。

图 6-172 "光照效果"设置栏

该设置栏包含如下参数:

(1)预设 预设: 蓝色全光源 :Photoshop CS6 预设了 17 种光照样式,如:两点钟方向点光、蓝色全光源、圆形光、向下交叉光、交叉光、默认、五处下射光、五处上射光、手电筒、喷涌光、平行光、RGB 光、柔化直接光、柔化全光源、柔化点光、三处下射光、三处点光;还可以选择载入和存储光源。

(2)在右侧的"光照效果"属性栏中,可以调节参数值,如图 6-173 所示。

(3)Photoshop CS6 提供了 3 种光照类型:"点光""聚光灯"和"无限光",如图 6-174 所示。在"光照类型"选项下拉列表中选择一种光源后,就可以在对话框左侧(见图 6-173)调整它的位置和照射范围,或添加多个光源。

(4)调整聚光灯:"聚光灯"可以投射一束椭圆形的光柱,如图 6-175 所示,拖动手柄可以增大 Photoshop CS6 光照强度或旋转光照、移动光照等。

（5）调整点光："点光"可以使光在图像的正上方向各个方向照射，就像一张纸上方的灯泡一样，如图 6-176 所示。拖动中央圆圈可以移动光源；拖动定义效果边缘的手柄，可以增大或减小光照强度，就像是移近或移远光照一样。

应用"光照效果"滤镜前后的效果对比如图 6-177 所示。

图 6-173 "光照效果"属性栏

图 6-174 光照类型

图 6-175 调整聚光灯

图 6-176 调整点光

a）

b）

图 6-177 应用"光照效果"滤镜前后的效果对比图
a）应用"光照效果"滤镜前 b）应用"光照效果"滤镜后

3. 镜头光晕

"镜头光晕"滤镜可以模拟亮光照射到相机镜头所产生的折射，常用来表现玻璃、金属等反射的反射光，或用来增强日光和灯光效果。执行"滤镜"→"渲染"→"镜头光晕"命令，打开"镜头光晕"对话框，如图 6-178 所示。

（1）光晕中心：在"镜头光晕"对话框中的图像缩略图上合适位置单击或拖动十字线，可以指定光晕的中心。

（2）亮度：用来控制光晕的强度，变化值范围为 10%～300%。

（3）镜头类型：用来选择产生光晕的镜头类型。

4. 纤维

"纤维"滤镜使用前景色和背景色创建编织纤维的外观。"纤维"对话框如图 6-179 所示，可通过拖动对话框中的"差异"滑块来控制颜色的变换方式（较小的值会产生较长的颜色条纹，而较大的值会产生非常短且颜色分布变化更多的纤维）。"强度"滑块可控制每根纤维的外观。单击"随机化"按钮可生成不同的滤镜效果。

图 6-178 "镜头光晕"对话框

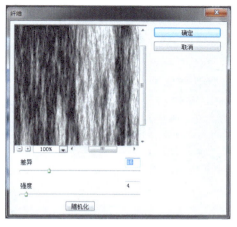
图 6-179 "纤维"对话框

5. 云彩

"云彩"滤镜的主要作用是用图像的前景色和背景色随机生成柔和的云彩图案,该滤镜没有对话框。

四、"杂色"滤镜组

"杂色"滤镜组的主要功能是为图像增加或删除随机分布色阶的像素。在图像中添加杂色,可以模仿高速胶片上捕捉动画的效果。在图像中删除杂色,可以消除由于系统或者设计者的原因造成的将图像修饰过度产生的杂色。这样可以将周围像素混合进同一个选区,产生统一的效果。该滤镜组包括 5 个滤镜,如图 6-180 所示。

图 6-180 "杂色"滤镜组

1. 减少杂色

拍摄图像时,如果用很高的 ISO 设置,曝光不足或者用较慢的快门速度在黑暗区域中拍照,都可能导致出现杂色。"减少杂色"滤镜对于除去此类照片中的杂色非常有效。

执行"滤镜"→"杂色"→"减少杂色"命令,弹出如图 6-181 所示的对话框。

(1)强度:用来控制应用于所有图像通道的亮度杂色减少量。

(2)保留细节:用来设置图像边缘和图像细节的保留程度。当该值为 100% 时,可保留大多数图像细节,但会将亮度杂色减到最小。

图 6-181 "减少杂色"对话框

(3)减少杂色:用来消除随机的颜色像素,该值越高,减少的杂色越多。

(4)锐化细节:用来对图像进行锐化。

(5)移去 JPEG 不自然感:可以去除由于使用低 JPEG 品质设置存储图像而导致的斑驳的图像伪像和光晕。

2. 蒙尘与划痕

"蒙尘与划痕"滤镜的作用是去除图像中没有规律的杂点或划痕。只要杂点的半径在给定的阈值,便可将杂点或划痕去掉。"蒙尘与划痕"对话框如图 6-182 所示,其参数含义如下。

(1)半径:用于设置进行搜索的半径。取值越大,模糊程度越高。

(2)阈值:设置去除的像素与其他像素的差别。值越大,去除杂点的效果越弱。

应用"蒙尘与划痕"滤镜前后的效果对比如图 6-183 所示。

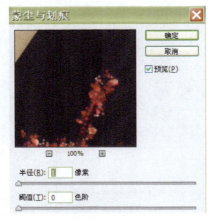

图 6-182 "蒙尘与划痕"对话框

a)　　　　　　　　　　b)

图 6-183 应用"蒙尘与划痕"滤镜前后的效果对比图

a) 应用"蒙尘与划痕"滤镜前　b) 应用"蒙尘与划痕"滤镜后

3. 去斑

"去斑"滤镜用于探测图像中有明显颜色改变的区域，并模糊除边缘外选区的所有部分。此模糊效果可在去掉杂色的同时保留细节，该滤镜不需要设置参数。

4. 添加杂色

"添加杂色"滤镜会在图像上随机添加一些杂点，也可用来减少羽化选区或渐变填充中的色带。"添加杂色"对话框如图 6-184 所示，其参数含义如下：

（1）数量：用于设置杂点数目，取值越大杂点越多。

（2）分布：有"平均分布"和"高斯分布"两种方式，决定杂点的分布模式。

（3）单色：选中该复选框，则将杂点应用于图像中的像素，而不改变其颜色。

5. 中间值

"中间值"滤镜通过在相邻像素中搜索，过滤掉与邻近像素相差太大的像素，而用得到的像素的中间亮度来替换中心像素的亮度值，使图像变得模糊。"中间值"对话框中的"半径"可设置进行相邻像素亮度分析的距离，范围是 1 ～ 100 像素，值越大，图像越模糊。应用"中间值"滤镜前后的效果对比如图 6-185 所示。

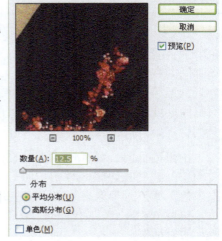

图 6-184 "添加杂色"对话框

a)　　　　　　　b)

图 6-185 应用"中间值"滤镜前后的效果对比图

a) 应用"中间值"滤镜前　b) 应用"中间值"滤镜后

五、"其他"滤镜组

"其他"滤镜组主要用来修饰图像的某些细节部分，还可以让用户创建自己的特殊效果滤镜。该滤镜组包括 5 个滤镜，如图 6-186 所示。

图 6-186 "其他"滤镜组

（1）高反差保留：就是保留图像中反差比较大的部分，其他部分变成灰色。

（2）位移：可以将选区进行水平和垂直移动，指定像素距离。

（3）自定：可以根据自己的需要，设计自己的滤镜，实现 Photoshop 中没有的效果。

（4）最大值：具有阻塞的效果，可以扩展白色区域并收缩黑色区域。

（5）最小值：与最大值滤镜的功能刚好相反，它具有伸展的效果，可以收缩白色区域并扩展黑色区域。

六、"Digimarc"滤镜组

"Digimarc"滤镜组可将数字水印嵌入图像以存储版权信息，"Digimarc"滤镜菜单如图 6-187 所示。

图 6-187 "Digimarc"滤镜组

任务实现

任务实现步骤：

（1）按<Ctrl+N>键打开"新建"对话框，如图 6-188 所示设置参数，单击"确定"按钮。

（2）按<D>键将前景色和背景色设置为默认的黑、白色，执行"滤镜"→"渲染"→"云彩"命令，得到的效果如图 6-189 所示。

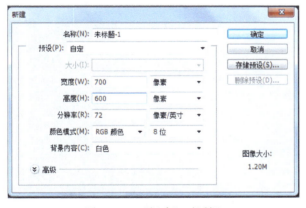

图 6-188 "新建"对话框

图 6-189 应用"云彩"滤镜后的效果

（3）执行"滤镜"→"模糊"→"径向模糊"命令，打开"径向模糊"对话框，如图 6-190 所示设置参数，得到的效果如图 6-191 所示。

（4）执行"滤镜"→"模糊"→"高斯模糊"命令，打开"高斯模糊"对话框，设置模糊半径为 2 像素。

（5）执行"滤镜"→"滤镜库"，在打开的对话框中选择"素描"→"基底凸现"，如图 6-192 所示参数，得到的效果如图 6-193 所示。

（6）执行"滤镜"→"滤镜库"，在打开的对话框中选择"素描"→"铬黄渐变"，如图 6-194 所示设置参数，得到的图像效果如图 6-195 所示。

图 6-190 "径向模糊"对话框

图 6-191 应用"径向模糊"滤镜后的效果

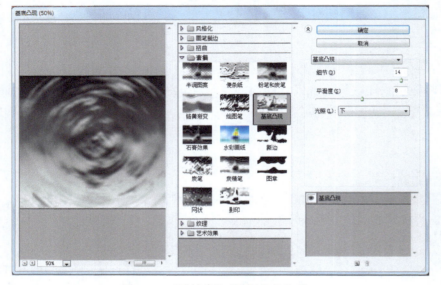
图 6-192 "滤镜库"对话框基底凸现

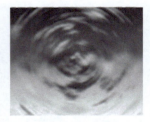
图 6-193 应用"基底凸现"后的效果

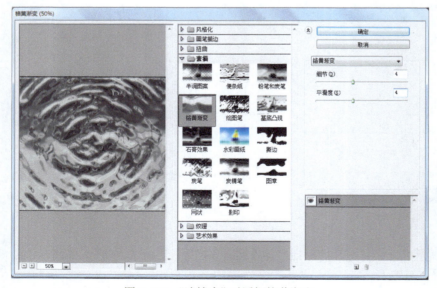
图 6-194 "滤镜库"对话框铬黄渐变

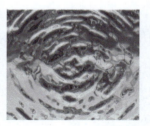
图 6-195 应用"铬黄渐变"后的效果

（7）在"图层"面板中单击底部的"创建新的填充或调整图层"按钮，在弹出的下拉菜单中选择"色相/饱和度"选项，勾选"着色"，如图6-196所示设置参数，完成水波纹特效的制作。

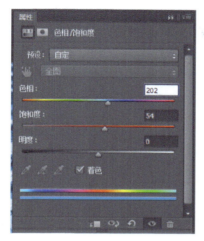

图6-196 "色相/饱和度"参数设置

技能训练

尝试将如图6-197所示的素材图进行光照效果处理，参考效果如图6-198所示。

图6-197 素材图　　　　　　　　图6-198 参考效果

Project 7

项目七

通道与蒙版的应用

项目导读

通道和蒙版是学习 Photoshop 的难点。

通道与颜色模式有关，对于 RGB 模式来说，包含 4 个通道：R 通道、G 通道、B 通道和 RGB 通道。通道中存的是相应的颜色信息，利用这个特性，可以进行精细抠图。

蒙版的主要作用是图片之间的无缝融合。在用蒙版工具时，要抓住关键点：黑色，当前图层透明，显示下层图片；白色，当前图层完全不透明；灰色，当前图层半透明。

知识目标

◎ 了解通道的作用和使用方法。
◎ 了解蒙版的作用、不同蒙版的区别及使用方法。

能力目标

◎ 能够利用通道对图层进行精确抠图。
◎ 能够利用蒙版工具对图像进行处理。

任务一　使用通道抠图

任务描述

把图 7-1 中的人物抠出来，放到背景图 7-2 中去。

图 7-1　人物图　　　　　　　　　图 7-2　背景图

理论知识

1. 通道的概念

简单地说，通道就是选区。在通道中，以白色代替透明表示要处理的部分（选择区域）；以黑色表示不需处理的部分（非选择区域）。通道必须与其他工具配合使用，如蒙版工具、选区工具和绘图工具，一些特殊效果还需要滤镜特效、图像调整颜色的配合。

通道

2. 通道的数目

图像的颜色模式决定了为图像创建颜色通道的数目：
（1）位图模式仅有一个通道，通道中有黑色和白色 2 个色阶。
（2）灰度模式的图像有一个通道，该通道表现的是从黑色到白色的 256 个色阶的变化。
（3）RGB 模式的图像有 4 个通道：1 个复合通道（RGB 通道），3 个分别代表红色、绿色、蓝色的通道。
（4）CMYK 模式的图像有 5 个通道：1 个复合通道（CMYK 通道），4 个分别代表青色、洋红、黄色和黑色的通道。
（5）LAB 模式的图像有 4 个通道：1 个复合通道（LAB 通道），1 个明度分量通道，两个色度分量通道。

3. 通道的功能

通道的功能主要有：

（1）表示选择区域，也就是白色代表的部分。利用通道，可以建立精确选区。

（2）表示墨水强度。不同的通道都可以用 256 级灰度来表示不同的亮度。在红色通道里的一个纯红色的点，在黑色的通道上显示就是纯黑色，即亮度为 0。

（3）表示不透明度。

（4）表示颜色信息。比如，预览红色通道，无论鼠标怎样移动，信息面板上都仅有 R 值，其余的都为 0。

4. 认识"通道"面板

打开一个 JPG 文件，调至"通道"面板，如图 7-3 所示。从图中可以看到默认有四个通道，分别为 RGB、红、绿、蓝，其中："RGB"是混合通道，储存文件中所有颜色信息；"红"储存图片中红色颜色信息；"绿"储存图片中绿色颜色信息；"蓝"储存图片中蓝色颜色信息。其中用黑、白、灰来表示颜色的比重，黑表示百分之零，白表示百分之百。

单击"通道"面板右上角的图标 ，可出现"通道"菜单，如图 7-4 所示，它几乎包括了通道的所有操作。

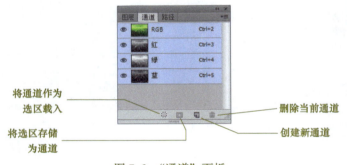

图 7-3 "通道"面板

图 7-4 "通道"菜单

（1）将通道作为选区载入。单击此按钮，可将当前通道中的内容转换为选区范围，也可以将某一通道内容直接拖至该按钮上建立选区范围。还可以按住 <Ctrl> 键后单击通道载入选区。

（2）将选区存储为通道。单击此按钮，可以将当前图像中的选区范围转变为蒙版，保存到一个新增的 Alpha 通道中。该功能同执行"选择"→"存储选区"命令的效果相同。

Alpha 通道最基本的功能在于保存选取范围，它是一个 8 位的灰度通道，用 256 级灰度来记录图像中的透明度信息，定义透明、不透明和半透明区域，其中黑表示不透明，白表示透明，灰表示半透明。

（3）新建通道。执行"通道菜单"→"新建通道"命令，弹出的"新建通道"对话框如图 7-5 所示。

1）名称：在右侧的文本框中输入通道的名称。如果不输入，Photoshop 会自动按顺序命名为 Alpha 1、Alpha 2……

2）被蒙版区域：选择该单选按钮，可以使新建的通道中被蒙版区域显示为黑色，选择区域显示为白色。

3）所选区域：选择该单选按钮，可以使新建的通道中被蒙版区域显示为白色，选择区域显示为黑色。

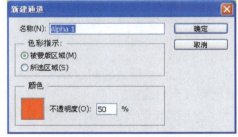

图 7-5 "新建通道"对话框

4）颜色：单击下方的颜色块，可以打开"拾色器（通道颜色）"对话框，在该对话框中可以选择通道要显示的颜色；也可以单击右侧的"颜色库"按钮，在"颜色库"对话框中设置通道要显示的颜色。

5）不透明度：在该文本框输入一个数值，通过它可以设置蒙版颜色的不透明度。

另外，如果单击"创建新通道　"按钮，则会直接创建 Alpha 通道。

（4）复制通道。在"通道"面板中选择要复制的通道，按下鼠标左键将该通道拖动到面板底部的"创建新通道"按钮上。默认复制通道的名称为"原通道名称 + 副本"。双击通道名称，可以在弹出的对话框中输入新名称。一次可以拖动一个或多个通道进行复制。

也可以执行"通道菜单"→"复制通道"命令，弹出的"复制通道"对话框如图 7-6 所示。

（5）删除通道。可使用通道菜单或"通道"面板下方的"删除当前通道　"按钮删除通道。单击"删除当前通道"按钮，可以删除当前通道。用户使用鼠标拖动通道到该按钮上也可以完成删除操作。但是，复合通道不能删除。

（6）新建专色通道。执行"通道菜单"→"新建专色通道"命令，弹出的"新建专色通道"对话框如图 7-7 所示。

图 7-6 "复制通道"对话框　　　图 7-7 "新建专色通道"对话框

专色通道用于存储印刷用的专色。专色是特殊的预混油墨，如金属金银色油墨、荧光油墨等，它们用于替代或补充普通的印刷色（CMYK）油墨。

通常情况下，专色通道都是以专色的名称来命名的。

1）名称：系统会自动为专色命名。

2）颜色：设置专色的颜色。

3）密度：在右侧的文本框中输入百分比数值，可以输入 0～100% 的数值来确定油墨的密度。如果输入 100%，则在图像上提供完全覆盖的专色油墨模拟效果。

（7）通道选项。执行"通道菜单"→"通道选项"命令，弹出的"通道选项"对话框如图 7-8 所示。

与"新建通道"对话框相比，多了一个"专色"项。

专色在下面"颜色"框选择相应的颜色，比如图中的红色，那么这个通道本身就成为一个红色通道，和普通的红色通道不同的是，黑色代表所选颜色不透明度为 100%，白色代表所选颜色不透明度为 0。

（8）分离通道。执行"通道"面板上通道菜单中的"分离通道"命令，可以将各个通道以单独文档窗口的形式分离出来，而且这些图像都以灰度形式显示，原文档窗口则被关闭。新文档窗口中的文件名称将以"原文档名称 + 该通道名称的缩写"形式来显示。

当需要在不能保留通道的文件格式中保留单个通道信息时，分离通道非常有用。

PSD 格式分层图像不能进行分离通道的操作。

（9）面板选项。执行"通道菜单"→"面板选项"命令，弹出的"通道面板选项"对话框如图 7-9 所示。

通道缩览图可以显示当前通道的内容，在图 7-9 所示的对话框中可以修改缩览图的大小。

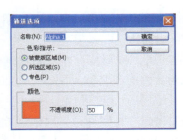
图 7-8 "通道选项"对话框

图 7-9 "通道面板选项"对话框

任务实现

任务实现步骤：

（1）打开人物图片（见图 7-1），切换至"路径"面板，新建路径 1，选择工具箱中的钢笔工具抠出人物的主体，如图 7-10 所示。

（2）单击路径面板上的"将路径作为选区载入"按钮。执行"选择"→"修改"→"羽化"命令，设置羽化半径值为 2 像素，如图 7-11 所示。

（3）切换至"图层"面板，执行"图层"→"新建"→"通过拷贝的图层"命令或者按快捷键 <Ctrl+J>，得到图层 1，将图层 1 隐藏，如图 7-12 所示。

> 小技巧
> 先粗选选区，再利用通道选择头发边缘这样的精细选区。

图 7-10 抠出人物主体

图 7-11 设置羽化半径

图 7-12 生成图层 1

（4）切换到"通道"面板，选择绿通道，将绿通道复制，得到"绿拷贝"通道，如图 7-13 所示，并选择此通道；执行"图像"→"调整"→"反相"命令，如图 7-14 所示；继续执行"图像"→"调整"→"色阶"命令（0，1，149），如图 7-15 所示，目的是使头发的细节尽可能显示为白色。

图 7-13 复制绿通道

图 7-14 执行"反相"命令

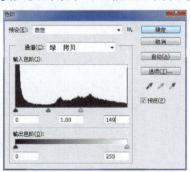
图 7-15 "色阶"对话框

（5）按<Ctrl>键，单击"绿拷贝"通道缩略图，调出其选区，回到"图层"面板，如图7-16所示，选择背景图层，执行"图层"→"新建"→"通过拷贝的图层"命令或者按快捷键<Ctrl+J>，得到图层2，如图7-17所示。

（6）执行"文件"→"打开"命令，打开背景图（见图7-2），用工具箱中的移动工具将其移动到主文档中，生成图层3，再将其放到图层2的下方，如图7-18所示。

图7-16 调出选区

图7-17 生成图层2

图7-18 生成图层3

（7）选择图层2，执行"图层"→"修边"→"移去白色杂边"命令，将图层1显示即可。最后效果图如图7-19所示。

图7-19 最后效果图

技能训练

把图7-20中的凉鞋抠出来，放到背景图7-21中去，制作出如图7-22所示的效果图。

图7-20 凉鞋图

图7-21 背景图

图7-22 效果参考图

任务二 使用蒙版拼接图片

任务描述

把图7-23所示的产品素材和图7-24所示的背景素材进行无痕拼接，效果如图7-25所示。

图7-23 产品素材图

图7-24 背景素材图

图7-25 效果图

理论知识

一、蒙版的概念

蒙版就是选框的外部（选框的内部是选区）。蒙版会对所遮盖的区域进行保护，让其免于操作，而对非遮盖的区域应用操作。比如：书写或喷画相同内容（如：数字、图形）时，会在不同材质的板子上抠出相应的形状，用其挡在物体上，之后在上面喷色，将板子拿下后，图形、数字等便印在物体上了。反观那块板子，抠出的空白区域就是选区，而余下的区域即为蒙版。

在图层的表现形式上，蒙版中的黑色为保护区域，不能对其操作；白色即选区；灰色介于二者之间，即部分选取和部分保护。在操作上，如果想遮盖某一部分，可用前景色为黑色的画笔进行涂抹，那么被涂的部分上面就有一层蒙版；如果想去掉某部分蒙版，则只需用前景色为白色的画笔进行涂抹。

二、蒙版的作用和种类

1. 蒙版的主要作用

（1）抠图。
（2）做图的边缘淡化效果。
（3）图层间的融合。

> **知识链接**
>
> 蒙版的种类：
> 图层蒙版、矢量蒙版、剪贴蒙版、快速蒙版。

2. 蒙版的种类

（1）图层蒙版。

1）创建图层蒙版。为图层添加蒙版可以单击"图层"面板下面的"添加蒙版 ▭"按钮，或者执行"图层"→"图层蒙版"命令。

在图层蒙版上用黑色画笔进行涂抹时，当前图层被涂抹的位置就会变成透明的，从而显示出下一图层的图像。用白色画笔进行涂抹绘制，即可重新显示当前图层的图像。

提示： 执行"图层"→"图层蒙版"→"应用"命令，可以将蒙版应用到图像中，并删除原先被蒙版遮盖的图像。

执行"图层"→"图层蒙版"→"删除"命令，可以删除图层蒙版。

2）从选区中生成蒙版。在一个文件中打开两个图像，选择上面图层的图像，在工具箱中选择"椭圆选框工具"，在工具选项栏中设置羽化为20像素，创建一个选区。执行"图层"→"图层蒙版"→"显示选区"命令，或在"图层"面板底部单击"添加图层蒙版 ▭"按钮，可以基于选区创建图层蒙版，如图7-26所示。

图7-26 基于选区为图层添加蒙版

提示： 执行"图层"→"图层蒙版"→"隐藏选区"命令，则选区内的图像将被蒙版遮盖。

添加图层蒙版以后，蒙版缩览图外侧有一个黑色的边框，表示蒙版处于编辑状态。

3）从图像中生成蒙版。打开一个人物图像，并为此图像添加一个空白蒙版，然后按住<Alt>键单击蒙版缩览图，在画面中显示蒙版图像，如图 7-27 所示。打开一个背景图像，复制背景图像并将其粘贴入此空白蒙版中，效果如图 7-28 所示。

图 7-27　为图层添加并显示蒙版

还可进一步对蒙版进行反相或进行曲线调整，以得到更好的效果。

4）复制与转移蒙版。

按住<Alt>键，选择一个图层蒙版，将它拖到另外的图层，可以将蒙版复制到目标图层，如图 7-29 所示，把"图层 2"的蒙版复制到了"图层 1"中。若直接将蒙版拖到另外的图层，则可实现蒙版的移动。

图 7-28　图层添加图像蒙版效果

图 7-29　复制图像蒙版

> **小技巧**
>
> 　　表示蒙版与图像处于链接状态，此时进行变换操作，蒙版会与图像一同变换。执行"图层"→"图层蒙版"→"取消链接"命令，或者单击该图标，可以取消链接，取消以后可以单独变换图像，也可以单独变换蒙版。

（2）矢量蒙版。矢量蒙版是由钢笔、自定形状等矢量工具创建的蒙版，它与分辨率无关，常用于制作标识、按钮或其他 Web 设计元素。无论图像自身的分辨率是多少，只要使用了该蒙版，都可以得到平滑的轮廓。

1）创建矢量蒙版。

① 打开一个背景文件和一个人物图像文件，使用"移动工具"将人物图像文件拖动到背景文件中，如图 7-30 所示。

② 在"图层"面板中选择"图层 1"。

③ 选择"椭圆工具　"，在工具选项栏中选择"路径　　"。

图 7-30　将人物图像移动到背景图像中

④ 在画面中单击并拖动鼠标绘制椭圆路径，如图 7-31 所示。

⑤ 选择"图层"菜单，将光标移动到"矢量蒙版"上面，在弹出的子菜单中单击"当前路径"命令，或者在工具选项栏中单击"蒙版 蒙版 "按钮，即可基于当前路径创建一个矢量蒙版，路径区域外的图像会被蒙版遮盖，如图 7-32 所示。

图 7-31　绘制椭圆路径　　　　　　　图 7-32　创建矢量蒙版

2）向矢量蒙版中添加形状。创建并选择矢量蒙版，在工具箱中选择"自定形状工具 "，在工具选项栏中选择"路径 路径 "，在"形状"下拉面板中选择"椰子树"，在"路径操作"中选择"排除重叠形状 "选项。然后在图像中拖动鼠标，即可将形状添加到矢量蒙版中，如图 7-33 所示。

图 7-33　向矢量蒙版中添加形状

3）编辑矢量蒙版中的图形。选择矢量蒙版，在工具箱中选择"路径选择工具 "，按住 <Shift> 键，然后单击画面中的图形，将它们选中，如图 7-34 所示。按下 <Delete> 键，即可将它们删除。也可使用"路径选择工具"单击矢量图形，拖动鼠标即可将其移动，蒙版的遮盖区域也会随之改变。

另外，选择矢量蒙版，执行"图层"→"矢量蒙版"→"删除"命令，或者将矢量蒙版拖动到"图层"面板底部的"删除图

图 7-34　编辑矢量蒙版中的图形

层 ■"按钮上，即可删除矢量蒙版。

4）变换矢量蒙版。单击"图层"面板中的矢量蒙版缩览图，选择蒙版。执行"编辑"→"变换路径"命令，即可对矢量蒙版进行各种变换操作。因为矢量蒙版与分辨率无关，因此，在进行变换和变形操作时不会产生锯齿。

5）将矢量蒙版转换为图层蒙版。选择矢量蒙版所在的图层。执行"图层"→"栅格化"→"矢量蒙版"命令，即可将其栅格化，转换为图层蒙版。

（3）剪贴蒙版。剪贴蒙版可以用一个图层的区域来限制上层图像的显示范围，即可以通过一个图层来控制多个图层的可见内容，而图层蒙版和矢量蒙版都只能用于控制一个图层。

1）创建剪贴蒙版。

① 创建一个 400 像素 × 600 像素的背景文件，选择"编辑"菜单，单击"填充"命令，将文件的背景色设置为 #6D92C3。

② 打开一个图像文件，使用"移动工具"将它拖动到背景文件中。单击"创建新图层"按钮，创建新的图层"图层 2"，调整图层位置，将"图层 1"隐藏起来，选择"图层 2"，此时的图层面板如图 7-35 所示。

图 7-35 "图层"面板设置图

③ 在工具箱中选择"自定形状工具 ■"，在工具选项栏中选择"像素 ■"，将前景色设置为黑色，选择"鹿"形状，按住 <Shift> 键，拖动鼠标绘制"鹿"形状，并使用"移动工具"移动"鹿"到合适位置。在工具箱中选择"横排文字蒙版工具"，在画面中单击并输入文字"鹿"，以便创建文字选区，执行"编辑"→"填充"命令，将文字选区填充为黑色，按下 <Ctrl+D> 快捷键取消选区。该步骤执行完的效果如图 7-36 所示。

④ 选择并显示"图层 1"，执行"图层"→"创建剪贴蒙版"命令，即可将该图层与它下面的图层创建为一个剪贴蒙版，如图 7-37 所示。

图 7-36 "图层 2"效果图

图 7-37 创建"剪贴蒙版"

提示： 剪贴蒙版可以应用于多个图层，但是这些图层必须相邻。

选择一个内容图层，执行"图层"→"释放剪贴蒙版"命令，可以从剪贴蒙版中释放出该图层。如果该图层上面还有其他内容图层，则这些图层也会一同释放。

2）剪贴蒙版的图层结构。在剪贴蒙版组中，上面的图层为内容图层，缩览图是缩进的，并显示 ■ 图标；下面的图层为基底图层，就是 ■ 图标指向的那个图层，其名称带有下划线，如图 7-38 所示。

基底图层中包含像素的区域控制内容图层的显示范围，因此，移动基底图层就可以改变内容图层的显示区域。

图 7-38 "剪贴蒙版"的图层结构

3）设置剪贴蒙版的不透明度。剪贴蒙版组使用基底图层的不透明度属性，即可以通过调整基底图层的不透明度来控制整个剪贴蒙版组的不透明度，而调整内容图层的不透明度时，不会影响到剪贴蒙版组中的其他图层。

4）设置剪贴蒙版的混合模式。剪贴蒙版使用基底图层的混合属性，当基底图层为"正常"模式时，所有的图层将按照各自的混合模式与下面的图层混合。调整基底图层的混合模式时，整个剪贴蒙版中的图层都会使用此模式与下面的图层混合。调整内容图层时，仅对其自身产生作用，不会影响其他图层。

5）将图层加入剪贴蒙版组或释放剪贴蒙版组。在"图层"面板中将内容图层拖动到基底图层上即可将其加入剪贴蒙版组，将内容图层拖动到其他图层上即可释放剪贴蒙版。

（4）快速蒙版。"快速蒙版▣"位于工具箱的下面，主要用于快速处理当前选区，不会生成相应附加图层（象征性在画板上用颜色区分），简单快捷。

任务实现

任务实现步骤：

（1）打开背景素材图和产品素材图，将产品素材图进行全选，复制后粘贴到背景素材图中，"图层"面板如图 7-39 所示。

（2）选中图层 1，在"图层"面板最下面单击"添加图层蒙版▣"图标，如图 7-40 所示。

图 7-39 将两个素材放到一起的"图层"面板

图 7-40 为图层 1 添加图层蒙版

（3）选择图层蒙版，设置前景色为黑色，背景色为白色，选择工具栏中的"渐变编辑器▬"，设置"前景色到背景色渐变"，如图 7-41 所示。

（4）把渐变应用到图层蒙版上，效果图如图 7-42 所示。

图 7-41 "渐变编辑器"设置

图 7-42 最后效果图

技能训练

应用蒙版知识，把素材图 7-43 和图 7-44 进行融合，制作出如图 7-45 所示的效果。

图 7-43　素材图（蟹）　　　图 7-44　素材图（月饼）　　　图 7-45　效果参考图

Project 8

项目八
网店设计与装修

项目导读

对于实体店铺来说，店铺的装修和设计能使网店形象长期保持发展，为店铺塑造更加完美的形象，加深消费者对企业的印象。同样，对于网店来说，也需要以独具特色的网店标识和区别于其他店铺的色彩风格，让自家网店及网店中的商品区别于其他竞争对手。

我国的电商网店页面内容丰富饱满，色彩比较丰富且对饱和度较高的红色和黄色更加偏爱，设计风格趋于热情、活力、有趣；欧美客户不习惯过于艳丽、花哨的色彩和设计风格，而钟情简洁、平淡且严谨的风格，因此，面向欧美客户的跨境电商网店页面大多设计简单朴素，采用黑白灰或单色作为页面主色调。

作为电子商务视觉营销设计人员，我们要尊重并且很好地了解东西方文化的差异，设计出符合消费者行为习惯的优质网店页面，为发展数字经济，促进数字经济和实体经济深度融合贡献出自己的一份力。

知识目标

◎ 了解网店的主辅配色。
◎ 了解网店页面色彩的分类。

能力目标

◎ 能够利用 PS 软件绘制网店首页。
◎ 能够利用蒙版工具对图像进行处理。

商品详情页制作要点

对于网店而言，具有美感的网店页面色彩与页面布局，可以产生很强烈的视觉效果，给买家留下深刻的印象。所以在装修店铺时，色彩和页面布局的设计需要经过深思熟虑。

但是，并不是每个人都能够通过天生的色彩感在脑海中勾勒出比较好的色彩搭配和页面布局，而是需要通过孜孜不倦的学习和脚踏实地的训练。本项目就为大家介绍网店主辅色调搭配及页面布局方法，这些方法可以使整体店铺看起来更加引人注目，为促成最终的交易发挥至关重要的作用。

任务一 绘制"摄影时光"网店首页和商品详情页

任务描述

设计并绘制"摄影时光"网店首页及商品详情页，分别如图 8-1 和图 8-2 所示。

图 8-1 网店首页

图 8-1　网店首页（续）

图 8-2　商品详情页

项目八　网店设计与装修

图 8-2　商品详情页（续）

图 8-2　商品详情页（续）

　　"摄影时光"是一家销售摄影器材的网店，购买者多是懂得摄影知识的成年摄影师，且男性偏多。摄影器材属于数码产品，是富有科技感和设计感的。因此，网店的风格应该是简约大气，网店的配色应该以简洁、沉稳的色调为主。为了突出显示文字，可以选择一些素淡清雅的色彩来做背景色，最好文字色和背景色之间有较强的色彩对比，但是要避免使用花纹复杂的图片和纯度很高的色彩作为背景。一般情况下，在同一网店页面中颜色数量应控制在 3 种以内，否则会使网页看起来很杂乱。

理论知识

在网店页面设计中，色彩搭配是树立网店形象的关键，好的店面色彩处理可以使页面锦上添花，同时达到事半功倍的效果。色彩搭配一定要合理，要与产品相符合，这样会给人一种和谐、愉快的感觉，在搭配时一定要避免使用容易使人产生视觉疲劳的纯度过高的单一色彩。

1. 网店页面的主色与辅色

网店页面的主色与辅色是页面传达给购买者的第一视觉，所以一定要使色彩与产品相呼应。首先是主色，它是页面的整体色调，也是色彩面积最大的色系；其次是辅色和点缀色，在页面中起到陪衬、点缀的作用。网店页面主色与辅色搭配示例如图 8-3 所示。

图 8-3　网店页面主色与辅色搭配示例

网店页面中将文字与主色调合理搭配，会直接提升整体页面的视觉效果，下面就详细讲解网店主色与文字色彩的搭配，具体可以参考表 8-1。

表 8-1 网店主色与文字色彩的搭配

颜色图标	十六进制值	中文颜色名	英文颜色名	文字颜色搭配
	#F0F8FF	爱丽丝蓝	Alice Blue	适合做正文的背景色，比较淡雅。配以同色系的蓝色、深灰色或黑色文字都很好
	#F0FFF0	蜜瓜绿	Honeydew	适合做标题的背景色，搭配同色系的深绿色标题或黑色文字
	#E6E6FA	薰衣草紫	Lavender	适合做正文的背景色，文字颜色用黑色比较和谐、醒目
	#6A5ACD	岩蓝	Slate Blue	配黄色或白色文字较好
	#F5DEB3	小麦色	Wheat	配浅蓝色或蓝色文字较好
	#F5F5DC	米黄色	Beige	配浅蓝色或红色文字较好
	#FAFAD2	亮金菊黄	Light Goldenrod Yellow	配黑色文字素雅，如果是红色则显得醒目
	#00477D	水手蓝	Marine Blue	配白色文字好看些
	#4682B4	钢青色	Steel Blue	配白色文字好看些，可以做标题
	#33E6CC	绿松石蓝	Turquoise Blue	配白色文字好看些，可以做标题
	#CC5500	燃橙	Burnt Orange	配白色文字好看些，可以做标题
	#4798B3	萨克斯蓝	Saxe Blue	配白色文字好看些，可以做标题
	#00A15C	孔雀绿	Peacock Green	配白色文字好看些，可以做标题

2. 色彩推移

网店页面中采用色彩推移的方式组合色彩，是构成页面统一色调的方法之一。色彩推移是将色彩按照一定规律有秩序地排列、组合的一种作品形式。色彩推移包括色相推移、明度推移、纯度推移、互补推移、综合推移等基本形式。设计师可以通过色彩推移的方法使页面色彩看起来更加统一、和谐，色彩推移同样可以运用到局部图像上，如图 8-4 所示。

（1）色相推移。色相推移是将色彩按色相环的顺序，由冷到暖或由暖到冷进行排列、组合的一种渐变形式。为了使画面丰富多彩、变化有序，色彩可选用色相环，从一种颜色推移到另一种颜色；也可以选择灰度色相环，从白色到黑色或从黑色到白色。

（2）明度推移。明度推移是将色彩按明度由浅到深或由深到浅进行排列、组合的一种渐变形式。一般都选用单色系列组合，也可选用两个色彩的明度系列，但也不宜择用太多，否则易乱易花，效果适得其反。

（3）纯度推移。纯度推移是将色彩按纯度由鲜到灰或由灰到鲜进行排列组合的一种渐变形式。

（4）互补推移。互补推移是处于色相环通过圆心 180°两端位置上一对色相的纯度组合推移形式。

（5）综合推移。综合推移是将色彩按色相、明度、纯度推移进行综合排列、组合的渐变形式。由于色彩三要素的同时加入，其效果当然要比单项推移复杂、丰富得多。

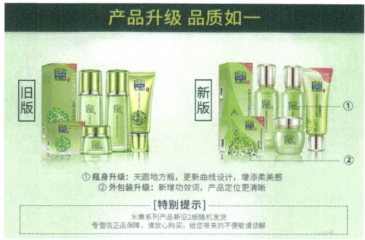

图 8-4　色彩推移的页面局部

3. 色彩采集

当为网店搭配色彩时，在没有色彩知识、不懂得色彩组合原理的情况下，设计人员如何能够为网店搭配与产品相呼应的页面色彩呢？这涉及色彩采集的问题，在 Photoshop 软件中，采集色彩的方法是使用"吸管工具 "在产品的某个颜色上单击，此时就会将当前选取的颜色作为"工具箱"中的前景色，如图8-5所示。

图8-5 吸取颜色

此时在"拾色器"面板中可以看到当前采集的颜色信息，如图8-6所示。如果在数值区更改数字，此时会明显看到之前的颜色与更改后的颜色，如图8-7所示。

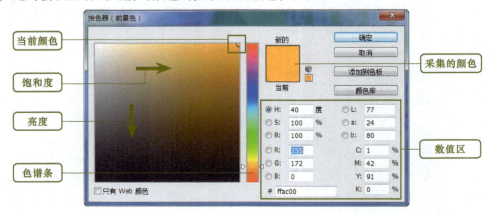

图8-6 "拾色器"面板

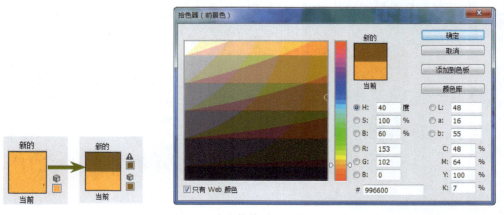

图8-7 改变数值时的颜色对比

勾选"只有Web颜色"复选框后，在"拾色器"面板中只会显示应用于网页的颜色。采集完毕的颜色就可以作为与产品相对应的主色、辅色或点缀色。

4. 网店页面色彩分类

在为网店装修时，页面的色彩根据其作用的不同可以分为三类：静态色彩、动态色彩和强调色彩。其中静态色彩和动态色彩各有用途，相互影响、相互协作，处理好这两种色彩之间的关系，才能使页面色彩达到统一和谐的视觉效果，从而使买家对你的网店更多一些眷恋。

（1）静态色彩与动态色彩。网店的静态色彩并不是指静态的色彩，而是指结构色彩、背景色彩和边框色彩等带有特殊识别意义的、决定店面色彩风格的色彩。动态色彩也不是指动画中运动物体携带的色彩，而是指插图、照片和广告等复杂图像中带有的色彩，这些色彩通常无法用单一色相去描绘，并且带有多种不同的色调，随着图像在不同页面位置的使用，动态色彩也会随之变化，如图 8-8 所示。

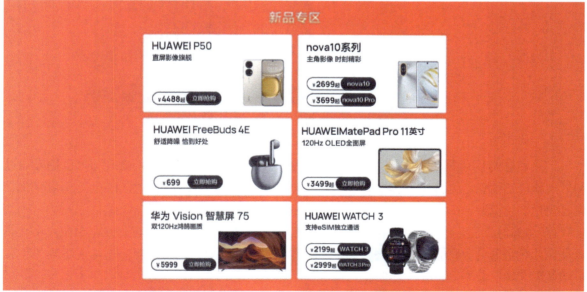

图 8-8　静态色彩与动态色彩

图 8-8　静态色彩与动态色彩（续）

（2）强调色彩。强调色彩又名突出色彩，是网店页面设计时有特殊作用的色彩，是为了达到某种视觉效果时与静态色彩对比反差较大的色彩，既可以是在店招中带有广告推荐意义的特殊色彩，也可以是在段落文字中为了突出重点而通过不同色彩加注的文字等。图 8-9 中作为强调色彩的文字、标签、商品与静态色彩的背景产生了强烈的对比。

图 8-9　强调色彩

（3）色彩与网店页面。色彩对于视觉来说是很微妙的事物，其独特的表现力可以用来通过刺激大脑传达信息、情感、思想。特定的视觉经验趋于特定性，而色彩的色相变化、明度变化、纯度变化，以及组合的各种变化又赋予了色彩变化的不定性。

1）色彩对比。生活中的色彩往往不是单独存在。在观察色彩时，或者是在背景中观察，或者是在几种色彩并列的情况下观察，抑或是先看某种色彩再看另一种色彩。这样所看到的色彩就会发生变化，形成色彩对比现象，影响心理感觉。

在色彩对比的状态下，由于相互作用的缘故，与单独见到的色彩是不一样的。这种现象是由于视觉残像引起的。当两种颜色并置在一起时，双方都会把对方推向自己的补色，就会出现相互影响的情况。因此,当我们进行配色设计时,就应当考虑到由于补色残像所形成的视觉效果,并做出相应的处理。

色彩对比主要分为色相对比、明度对比、补色对比、纯度对比和冷暖对比,下面介绍色相对比。

两种以上的色彩组合后,由于色相差别而形成的色彩对比效果称为色相对比。它是色彩对比的一个重要方面,其对比强弱程度取决于色相之间在色相环上的距离(角度),距离(角度)越小对比越弱,反之则对比越强。根据颜色在色环上距离的远近,色相对比分为类似色、邻近色、对比色、互补色等不同对比类型,如图8-10所示。

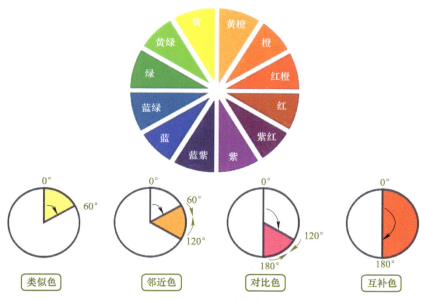

图8-10 色相对比类型

① 类似色。类似色是指色相环上相距60°以内的颜色,例如红和红橙、黄和黄绿、红和紫红等,属于色相的弱对比。类似色反差小、柔和、舒缓,适合表现柔软的幼儿用品类的网店,如图8-11所示。

图8-11 类似色店铺页面

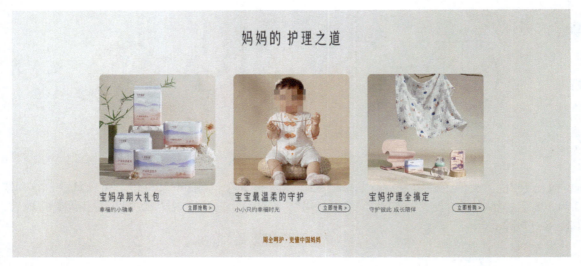

图 8-11 类似色店铺页面（续）

②邻近色。邻近色是指色相环上相距60°～120°的颜色,例如红和紫、绿和蓝、橙和黄等,属于色相的中对比。邻近色之间反差适度,且色与色之间互有共同点,显得和谐自然,可应用在妇婴用品、日用品、食品等网上店铺,给人典雅、明晰、干净的感觉,如图8-12所示。

图8-12 邻近色店铺页面

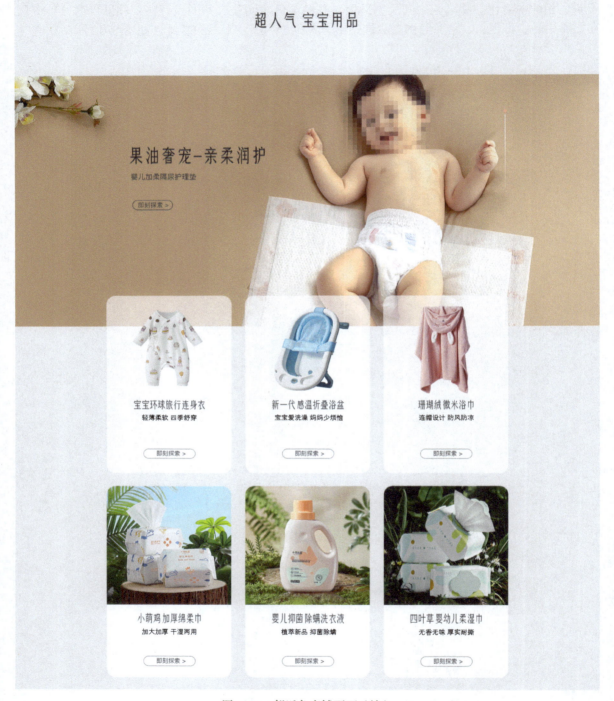

图 8-12 邻近色店铺页面（续）

③ 对比色。对比色是指色相环上相距 120°～180° 的颜色，例如黄和蓝、蓝和红等，属于色相的强对比。对比色之间反差较大，组合使用时能产生鲜明、干脆利落的感觉，有非常醒目的宣传效果，可应用于运动产品、科技产品、节庆用品等网上店铺，如图 8-13 所示。

项目八　网店设计与装修

图 8-13　对比色店铺页面

图 8-13 对比色店铺页面（续）

④ 互补色。互补色是指色相环上相距 180°的一对颜色，属于最强的色相对比。在色相环上任意一条对角线两端的色彩就是一对互补色。最典型的互补色分别是橙色和蓝色、黄色和紫色、绿色和红色。互补色组合时，反差非常强烈，显得鲜明、果决，富有刺激性，视觉瞩目性极高。但互补色效果比较生硬、刺目，使用时需要采用适当的手法做调和处理，图 8-14 所示的店铺色彩为互补色，利用互补色可以使广告更加突出。

项目八 网店设计与装修

图 8-14 互补色店铺页面

2）商品色调风格调整。在为网店上传宝贝时，很多时候会发现网拍的商品颜色不是很多，此时我们就需要借助一些软件来进行风格调整。

拍摄后的图像都存在或多或少的不同问题，但在处理时无外乎进行曝光调整、色彩调整、整体调整、瑕疵修复和清晰度调整等 5 个主要步骤，通过这几个步骤可以完成对图像变形、过暗、过亮、偏色、模糊、瑕疵等问题的调整，具体流程可以参考表 8-2。

表 8-2　网店商品图像编修流程表

1. 曝光调整	2. 色彩调整	3. 整体调整	4. 瑕疵修复	5. 清晰度调整
查看图像的明暗分布状况； 调整整体亮度与对比度； 修正局部区域的亮度与对比度	移除整体色偏； 修复局部区域的色偏； 强化图像的色彩； 更改图像色调	转正横躺的直幅图像与歪斜图像； 矫正变形图像； 裁剪图像； 修正构图； 调整图像大小； 更改画布大小	清除脏污与杂点； 去除多余的杂物； 人像美容	增强图像锐化度； 提升图像的清晰效果； 改善模糊图像

5. 商品详情描述部分的主要构图方式

（1）商品参数的布局。

1）常用构图方式为左图右参数，如图 8-15 所示。

图 8-15　左图右参数式构图

2）除常用参数外，还可以辅以产品特点及多个型号的参数，一并说明，如图 8-16 所示。

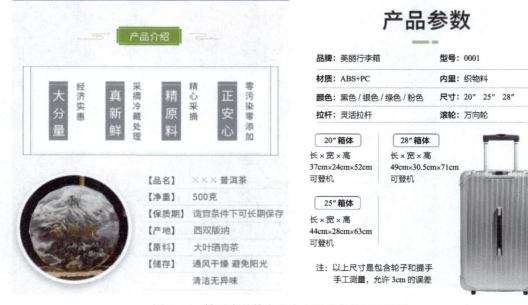

图 8-16　辅以产品特点及多个型号参数时的构图

3）同一个商品有不同的尺寸或规格时应逐一列明，如图8-17所示。

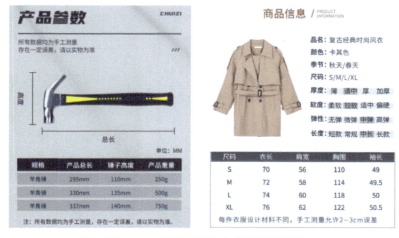

图8-17　列明不同尺寸或规格的构图

（2）特点及卖点的布局。

1）两列构图，一侧图大，一侧图小，如图8-18所示。

图8-18　两列构图

2）三列构图，并排突出中央或错落摆放，如图8-19所示。

图8-19　三列构图

3）四列构图，平分秋色，如图8-20所示。

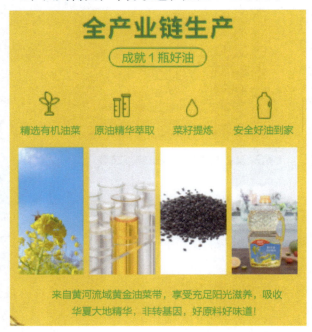
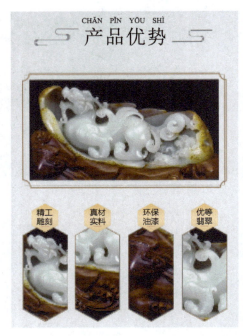

图8-20 四列构图

4）S形排列，一侧文字，一侧图片，如图8-21所示。

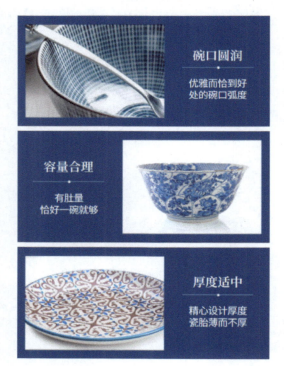

图8-21 S形排列

5）上图下字排列，如图8-22所示。

图8-22　上图下字排列

6）不对称构图，一侧2图，一侧1图，如图8-23所示。

图8-23　不对称构图

7）两行或三行均匀构图，如图8-24所示。

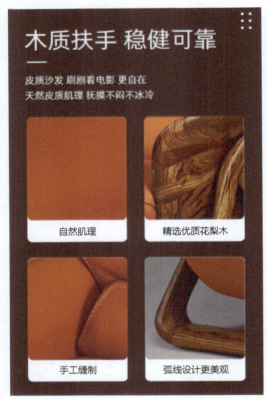

图8-24　两行或三行均匀构图

8）环绕或半环绕构图，如图8-25所示。

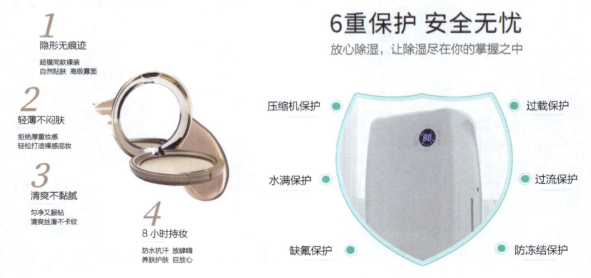

图8-25　环绕或半环绕构图

（3）突出卖点和产品优势。

1）采用辅助线突出产品优势，如图8-26所示。

图8-26　采用辅助线突出产品优势

2）将局部放大或特殊标示以突出卖点，如图8-27所示。

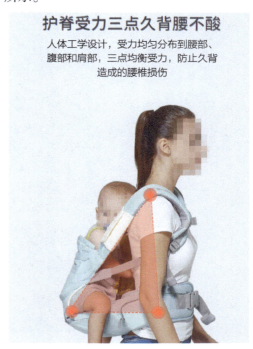

图8-27　将局部放大或特殊标示以突出卖点

3）使用引导线在商品图其他位置说明卖点，如图8-28所示。

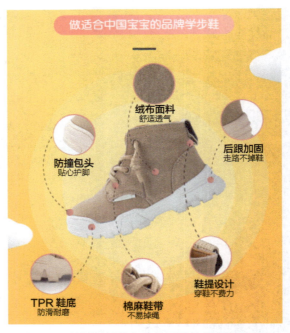

图 8-28 使用引导线在商品图其他位置说明卖点

（4）交叉销售，展示更多商品。

在商品详情页中采用交叉销售方式，为顾客提供多种选择，如图 8-29 所示。

图 8-29 交叉销售方式展示更多商品

> **任务实现**

任务实现步骤：

1. 网店首页的制作

（1）导航栏的制作。

1）在菜单栏中选择"文件"→"新建"，创建一个新文件，将宽度设置为1024像素，高度设置为150像素，分辨率设为72像素/英寸，颜色模式为RGB颜色，背景内容为白色。

2）将前景色设置为蓝色，选择"圆角矩形工具 ▣"，做一个蓝色矩形，如图8-30所示。

图8-30　蓝色矩形

3）选择"圆角矩形工具 ▣"，在工具设置栏"填充"中选择"渐变"→"由前景色到背景色渐变"，渐变类型选"对称的"，打开"拾色器"，设置一个比前景色略深的蓝色，单击"确定"，即可在蓝色矩形的上下添加蓝色阴影。

4）将前景色设置为白色，在工具栏中选择"渐变工具 ▣"，在工具设置栏中选择"基础"→"由前景色到透明渐变"，用"矩形选框工具 ▣"在蓝色矩形左侧选定一个区域，选择"径向渐变 ▣"，新建图层1，在选定的区域内加一个白色的光晕。

5）新建图层2，用"矩形选框工具 ▣"框定一个区域，选择"渐变工具 ▣"，在工具设置栏中选择"基础"→"由前景色到透明渐变"，选择"线性渐变 ▣"工具，在矩形的上方加一个白色渐变。添加蒙版，选择"画笔工具 ▣"，柔边笔头，将前景色设置为黑色，用画笔涂抹白色渐变的中间部分，留两个角，如图8-31所示。

图8-31　白色渐变只留两个角

6）选择"直线工具 ▣"（在工具设置栏中设置颜色和线条粗细），按住<Shift>键的同时拖动鼠标，在蓝色矩形上面加一条深蓝色的横线。添加蒙版，将前景色调整为黑色，使用画笔或者橡皮工具涂抹两边的线条，将线条遮挡住，最终效果如图8-32所示。

图8-32　添加深蓝色横线

7）使用"横排文字工具 ▣"，在蓝色矩形上制作分类，分别输入镜头、滤镜、三脚架、相机包、电池电源，如图8-33所示。

8）在"图层"面板中单击"添加图层样式 fx"按钮，弹出"图层样式"对话框，设置图层样式，如图8-34所示。

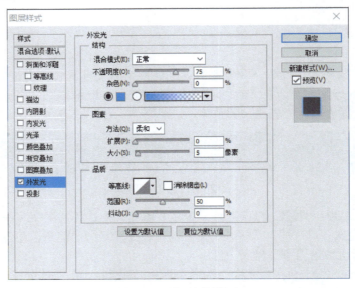

图8-34 设置图层样式

9）选择"横排文字工具 T"，在导航栏上方输入文字"搜索"；选择"矩形工具 □"，在工具设置栏中将填充设置为"无"，描边设置为"1像素"，颜色设置为"灰色"，绘制一个长方形。

10）选择"圆角矩形工具 □"，在工具设置栏中将填充设置为"蓝色"，描边设置为"1像素"（描边颜色比蓝色圆角矩形略深），在灰色矩形右侧绘制一个圆角矩形，并使用"横排文字工具 T"在蓝色圆角矩形上输入文字"搜索"，如图8-35所示。

图8-35 搜索栏效果

11）用"横排文字工具 T"在"搜索"键右侧输入登录、订单、会员、客服、导航等内容，字体设置为灰色，中间用竖线隔开；选择"直线工具 /"画一条竖线，按住<Alt>键的同时用鼠标拖动竖线，可连续制作多条竖线，效果如图8-36所示。

图8-36 导航栏效果

（2）商品推荐单元的制作。

随着电子商务规模的不断扩大，商品种类快速增长，客户需要花费大量的时间才能找到自己想买的商品。

在这个背景下，商品推荐单元应运而生，它能帮助电子商务网站为其客户购物提供个性化的决策支持和信息服务。商品推荐单元向客户提供商品信息，帮助用户决定应该购买什么产品，模拟销售人员帮助客户完成购买过程。

商品推荐的目的是创造商品销售的机会,所以更要将这个单元设计得赏心悦目,让客户有良好的体验。

1)在页面上用"圆角矩形工具 ▣"绘制一个边框,描边设置为"1 像素",颜色设置为"灰色",如图 8-37 所示。

图 8-37　绘制灰色边框

2)用"矩形选框工具 ▣"在距边框几毫米处选择一个矩形选区。使用"渐变工具 ▣",将选区内由上至下添加浅灰色到白色的渐变,做出矩形的凸凹感,如图 8-38 所示。

图 8-38　添加浅灰色到白色的渐变

3)使用"直线工具 ✎"在绘制好的方框内绘制两道浅灰色的竖线,添加蒙版,将灰色竖线的上下遮挡住,使其与渐变成为融为一体,如图 8-39 所示。

图 8-39　绘制竖线并添加蒙版

4)添加商品的图片和文字描述,可使用快捷键 <Ctrl+R> 调出标尺,或者在菜单栏中选择"视图"→"标尺"进行辅助。

5)使用"横排文字工具 T"输入"佳能(Canon)",设置字体为"微软雅黑",字号"12点",颜色为"#c880cf";输入"EOS 70D 单反套机",设置字体为"微软雅黑",字号"12 点",颜色为"#4e76c1"。

输入"尼康(Nikon)D810 单反机身",设置字体为"微软雅黑",字号"12 点",颜色为"#9f653c"。

输入"耐司(Nisi)DUS MC UV 67 mm　UV 镜双面多层镀膜无暗角",设置字体为"微软雅黑",字号"12 点",颜色为"#a94580"。

商品推荐单元就做好了,如图 8-40 所示,用同样的方法可以绘制其他的商品推荐充实整个网页画面。

图 8-40　商品推荐单元

(3)侧边栏的制作。

1)在图层面板中设置一个名为"侧边栏 1"的新建图层组,选择"矩形选框工具 ▣",在工具设置栏中将"填充"颜色设置为"灰色","描边"设置为"1 像素",绘制一个矩形。

2）新建图层，选择"横排文字工具 T"输入"摄影寸光 www.photographytime.com"，再插入相机素材图片，如图 8-41 所示。

3）按照相同步骤做出"进店逛逛"和"关注店铺"，再用"自定形状工具 "画出小房子和五角星，如图 8-42 所示。

图 8-41　输入文字　　　　　　　图 8-42　制作"进店逛逛"和"关注店铺"

4）在"图层"面板中设置一个名为"侧边栏 2"的新建图层组，选择"矩形选框工具 "，在工具设置栏中将"填充"设置为"灰色"，"描边"设置为"1 像素"，绘制一个矩形。

5）新建图层，选择"横排文字工具 T"输入"优惠信息"等文字并插入相机图片，如图 8-43 所示。

6）在"图层"面板中设置一个名为"侧边栏 3"的新建图层组，选择"矩形选框工具 "，在工具设置栏中将"填充"设置为"深灰色"，"描边"设置为"1 像素"。

7）新建图层，选择"横排文字工具 T"输入文字"品牌商店"，并插入各品牌标识，如图 8-44 所示。

图 8-43　制作"优惠信息"　　　　图 8-44　制作"品牌商店"

按照这样的步骤，做出余下几个侧边栏即可。网店首页"最佳销售""精品展示"等模块的制作方法相同，此处不再赘述。

2. 商品详情页的制作

（1）优惠券的制作。

1）使用"矩形选框工具 "，选取一个长方形选区，填充为蓝色（#1870b8），如图 8-45 所示。

2）在蓝色矩形内部使用"矩形工具 "绘制一个白色描边，在工具设置栏中将"填充"设置为"无"，"描边"设置为"2 像素"，然后在右下角贴入一个白色的相机图标，如图 8-46 所示。

图 8-45　蓝色矩形　　　　　　图 8-46　绘制白色描边并贴入相机图标

3）使用"矩形工具 ▇"绘制一个小的矩形，无描边，填充白色，使用"横排文字工具 ▇"输入文字"点击领取"，如图 8-47 所示。

4）使用同样的方法在方框内输入使用条件和优惠券额度，优惠券额度要鲜明，内容要言简意赅。字体选择"微软雅黑"，色号为"#ffffff"，如图 8-48 所示。

图 8-47　输入"点击领取"　　　　图 8-48　输入使用条件和优惠券额度

5）在优惠券左下角使用"矩形工具 ▇"绘制一个浅蓝色的矩形，使用快捷键 <Ctrl+T> 进行"自由变换"调整，将其旋转，斜置于优惠券上。使用"选区工具"，选取优惠券以外的长条，将其适当移动，用"渐变工具 ▇"在优惠券以外的长条上加入蓝灰色渐变，让其看起来更逼真，如图 8-49 所示。

6）优惠券完成了，效果如图 8-50 所示。

图 8-49　为优惠券添加矩形　　　　图 8-50　优惠券最终效果

7）复制（快捷键 <Ctrl+J>）整个优惠券，更改上面的信息，做出第二个、第三个优惠券，效果如图 8-51 所示。

图 8-51　不同额度的优惠券

（2）标签的制作。
1）选择"圆角矩形工具 ▇"做一个蓝色矩形。
2）使用"渐变工具 ▇"，给矩形加一个渐变效果，如图 8-52 所示。
3）用同样的方法在蓝色矩形旁边做一个浅灰色的矩形，如图 8-53 所示。

图 8-52　蓝色渐变矩形　　　　　图 8-53　绘出浅灰色矩形

4）在"图层"面板中单击"添加图层样式 fx"按钮，在弹出的"图层样式"对话框中进行设置，为浅灰色矩形添加图层效果，参数设置如图 8-54 所示，单击"确定"按钮。

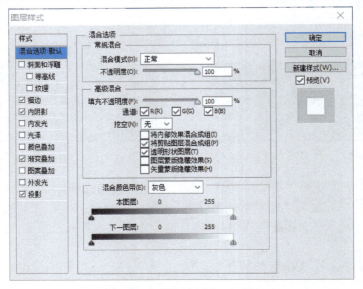

图 8-54　"图层样式"对话框

5）选择"移动工具"，按住 <Alt> 键的同时拖动鼠标，可复制浅灰色矩形，用此方法做两个副本，将矩形依次排开，如图 8-55 所示。

图 8-55　将矩形依次排开

6）使用"直线工具"，穿过这些矩形做一条灰色的直线，然后在直线下方做一个浅灰色的长条，如图 8-56 所示。

图 8-56　制作直线和长条

7）添加蒙版，将长条下面的部分遮住，效果如图 8-57 所示。

图 8-57　遮住下半部的效果

8）使用"横排文字工具"在矩形里添加相应的文字，效果如图 8-58 所示。

图 8-58 最终效果图

（3）详情页图片的制作。

1）新建一个文件，将背景设置为浅灰色。

2）打开花纹素材图片，选择"移动工具 ![]"将花纹图片拖至背景文件右上角，在"图层"面板中将图层混合模式改为"正片叠底"（如图 8-59 所示），掩藏住素材图片的底色，效果如图 8-60 所示。

图 8-59 修改图层混合模式为"正片叠底"　　图 8-60 "正片叠底"后的效果

3）用同样的方法在左下角添加装饰图片，如图 8-61 所示。

图 8-61 添加装饰图片

4）使用"横排文字工具 T"输入"佳能 EOS 70D 单反套机",设置字体格式为"微软雅黑",字号"30 点";输入"革新 AF—佳能革新的自动对焦改变拍摄方式"等文字,字体为"微软雅黑",字号"14 点"。

输入"产品特色",设置字体格式为"微软雅黑",字号"30 点"。

使用"矩形工具 □"绘制一个无描边、填充"黑色"的矩形,宽为"160 像素"、高为"37 像素"。新建图层(快捷键为 <Ctrl+N>),使用"横排文字工具 T"输入"不一样的拍摄",设置字体格式为"微软雅黑",字号"26.85 点",颜色为"#85bc07"。完成的效果如图 8-62 所示。

图 8-62　最终效果

5）商品详情页余下部分的制作方法相同,此处不再赘述。

技能训练

制作手机商品详情页,可通过网络查找商品图片、规格参数、产品特色等资料。

任务二　设计"魔法美妆学院"网店首页

任务描述

设计"魔法美妆学院"化妆品网店首页,如图 8-63 所示。

化妆品网店的建设需要特别注意品牌形象的塑造。随着互联网的快速发展,客户大多通过企业官方网店来了解其产品和优势,而充满美感的网店首页可以增强客户对公司的信心。

项目八 网店设计与装修

图 8-63 "魔法美妆学院"网店首页

理论知识

吸引用户眼球的网店首页，除了配色具备美感外，页面布局也要合理。网店首页的布局好不好，直接影响客户体验度，体验度不够或者找不到自己想要的产品，客户就会离开选择别的店家。为了留住客户，我们在首页布局上需要精心构思。

1. 网店首页布局的作用

（1）展示形象。商家在做店铺时总是想让客户感受到自己与众不同。客户如何才能感受到商家的与众不同之处呢？首页布局就是最好的方式。客户进入店铺首页，会通过首页内容对店铺做一个初步的判断，这种判断其实就是店铺形象在客户心目中的展示。

（2）搜索导购。客户从某一款商品页进入首页时，意味着客户有可能存在其他商品的消费需求，当客户有明确的购买目的时，首页需要有搜索导购功能，帮助客户快速方便地找到所需要的商品，以便顺利下单。

（3）促进购买。当客户无明确购买需求时，需要一些推荐和活动来激发客户的潜在购买需求。如新品推荐、促销打折，如果店铺正在做这些活动，在首页上就要有明显的展示，以此吸引客户下单。

2. 网店首页组成部分

网店首页的内容主要有：店招、通栏、导航栏、轮播图、分类、主推产品大图、海报、产品分类展示、页面悬浮快捷菜单、产品展示等内容。每一个部分都有自己的功能和作用。

（1）店招。店招需要向消费者传递明确的信息，如店铺商品、店铺品牌、店铺价值等，对客户是否选择进入店铺首页浏览其他商品起到了一定的作用。在设计店招时，遵循的基本原则是需要与首页的设计风格保持统一，这样在店铺的整体风格上会有一个延续，并且视觉效果比较好。如果店招与店铺的装修风格相差较大，会让客户的视觉体验变差。店招示例如图8-64所示。

图8-64　店招

（2）通栏。因为首页不能囊括所有的内容和功能，比如品牌故事、信用评价、会员制度等，无法直接展示在首页上，而是在其他自定义页面进行展示。因此，通栏的作用就是将这些自定义页面以清晰明确的方式进行展示，并让客户马上可以进入。通栏示例如图8-65所示。

图8-65　通栏

（3）导航栏。店铺导航栏一般为方便客户搜索商品而设置，作用就如同商场的楼层指引牌。导航栏示例如图8-66所示。

图8-66　导航栏

（4）轮播图。这里的轮播图指的是大图，大图应该放店铺的主打类别产品，可以轮番播放，一般 3～5 张，放太多图片也影响网页打开速度，降低客户体验度。轮播图示例如图 8-67 所示。

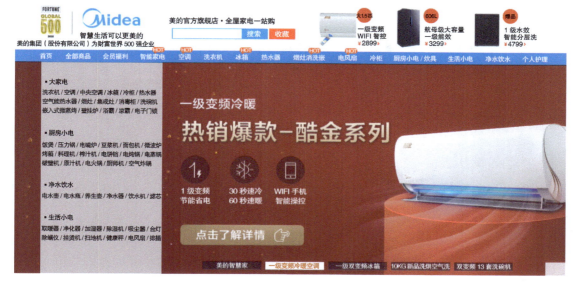

图 8-67　轮播图

（5）分类。一般情况下，分类在产品页面的左侧得到展示，目的是让客户无论在哪个页面都能够方便地找到所需要的产品。这里的分类主要起到分流的作用，让客户对店铺经营的产品一目了然，并且能够目标明确地进行查找，加快客户寻找产品的速度。分类示例如图 8-68 所示。

图 8-68　分类

（6）主推产品大图。主推产品大图一般展示主打产品，可以让客户知道本店热销产品是什么。主推产品大图示例如图 8-69 所示。

（7）海报。我们进入某些店铺后，会看到首页上有很大一幅图片处在一个明显的位置，这种大的图片就是店铺海报。店铺海报的特点是占用了较大的面积，而且图片内容比较丰富。海报一般用于向消费者展示店内促销活动、店铺新品，或做品牌展示。将海报与活动文案相结合，可以很好地激发消费者的购买欲。促销活动最容易吸引客户的眼球，也容易刺激客户购买，特别是限时促销，能够制造一种机会难得的紧张感。海报示例如图 8-70 所示。

图 8-69　主推产品大图

图 8-70　打折促销海报

（8）产品分类展示。排版要整齐，颜色搭配要自然，第一眼很重要。产品分类展示示例如图 8-71 所示。

图 8-71　产品分类展示

（9）页面悬浮快捷菜单。在客户浏览完页面后，要给客户提供方便，使其能随时联系客服、收藏店铺、返回首页等，而不是到处寻找链接。页面悬浮快捷菜单如图 8-72 所示。

（10）产品展示。产品展示是店铺首页布局不可缺少的部分，用于将店铺的部分商品按照一定的维度要求展示给消费者，功能与线下实体商店的展示陈列架类似。产品展示示例如图 8-73 所示。

图 8-72　页面悬浮快捷菜单

图 8-73　产品展示示例

3. 电子商务网站首页常见布局方式

电子商务网站首页布局方式更加大气、开阔。另外，主视觉部分还可以灵活处理，既可以向上拓展到标志（Logo）和导航的顶部位置，也可以向下拓展到内容区域。电子商务网站首页常见布局方式有以下几种。

（1）导航栏在横幅（Banner）上方的布局方式。这是自建电子商务网站首页最常见的布局方式，如图 8-74 所示。

（2）导航栏在 Banner 下方的布局方式。这种布局方式虽然不多，但也时不时能看到，导航栏放在 Banner 下面的好处是可以弥补 Banner 中设计素材截断的缺点，让设计看上去完整、自然。电子商务网站的布局方式受到多方面因素的影响，不仅要考虑信息内容所占据的空间，还要考虑手头现有的素材。导航栏在 Banner 下方的布局方式如图 8-75 所示。

图 8-74　导航栏在 Banner 上方的布局方式

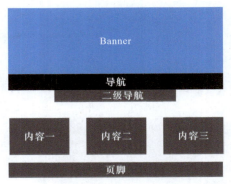

图 8-75　导航栏在 Banner 下方的布局方式

（3）左中右布局方式。这种布局方式不常见到，但却是非常富有新鲜感的布局方式。如果你已经厌烦了水平分割的设计，尝试一下左中右布局方式也未尝不是一种好的选择。左中右布局方式如图 8-76 所示。

（4）环绕式布局方式。这种布局方式看上去更加灵活，Banner 区域相对较小，可以在页面放置更多的信息内容。环绕式布局方式如图 8-77 所示。

图 8-76　左中右布局方式

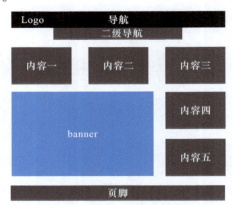

图 8-77　环绕式布局方式

（5）穿插式布局方式。这种布局方式在电子商务网站中较难看到，Banner 区域相对较大，可以作为电子商务网站首页布局的一种选择。穿插式布局方式如图 8-78 所示。

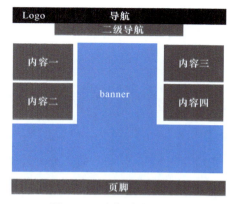

图 8-78 穿插式布局方式

电子商务网站首页采用哪种布局方式，除了看当下的流行趋势，也要看网站的类型，不同类型的网站适合不同的布局方式，不要忽视电子商务网站搭建的实际情况。

任务实现

任务实现步骤：

采用"左拐角"的布局方式，如图 8-79 所示。页面上方为 Logo 和商品频道导航，下方右侧为首页主体。主体内容从上至下分别为 Banner、热卖商品区、店铺上新区、宝贝展示区和网店公告区。

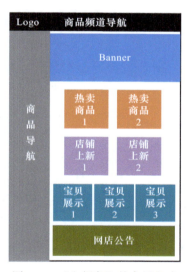

图 8-79 "左拐角"的布局方式

1. 频道导航栏和 Banner 区的制作

（1）在菜单栏中选择"文件"→"新建"命令，新建一个空白文件。

（2）选择"圆角矩形工具 "在页面右上方绘制一个圆角矩形，在工具设置栏中将"填充"的颜色设置为浅粉色（#f29c9f），如图 8-80 所示。

图 8-80 绘制圆角矩形

（3）选中当前图层，在"图层"面板中双击"图层样式 fx "按钮，在弹出的"图层样式"对话框中勾选"混合选项"中的"斜面和浮雕""等高线"和"投影"，参数设置如图8-81～图8-83所示。

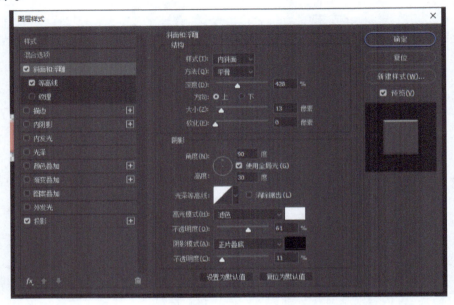

图8-81 "斜面和浮雕"参数设置

图8-82 "等高线"参数设置　　　　图8-83 "投影"参数设置

（4）新建图层，选择"横排文字工具 T "在圆角矩形的左侧输入文字：首页、品牌优惠、满减专区、香水、彩妆、护肤、男士专区、会员专享，在工具设置栏中将字体设置为"幼圆"，字号"20.69点"、加粗，如图8-84所示。

图8-84 导航栏

（5）使用"横排文字工具 T "在制作完成的导航栏上输入文字"搜索"，在工具设置栏中将字体颜色设置为粉色；使用"矩形选框工具 ▢ "选定一个长方形的选区，在菜单栏选择"窗口"→"属性"，在"属性"面板内调整圆角大小，如图8-85所示；选择"自定形状工具 ✿ "→"形状 形状 "→"放大镜 🔍 "图形，将其置于长方形的右侧，如图8-86所示。

（6）导入"Logo"素材，如图 8-87 所示，将其调整至合适的大小和位置。可结合快捷键 <Ctrl+T> 变换大小，快捷键 <Alt+Shift> 进行同比例缩放。

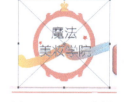

图 8-85　"属性"参数设置　　　　图 8-86　搜索栏　　　　图 8-87　Logo 素材图

（7）使用"横排文字工具"输入"魔法美妆学院"，调出"图层样式"面板，设置"斜面和浮雕"混合选项，将参数按照图片展示中进行修改，如图 8-88 所示。

图 8-88　"斜面和浮雕"参数设置

（8）收藏按钮制作。使用"圆角矩形工具 "制作一个宽 65 像素、高 19 像素的圆角矩形，圆角矩形填充颜色可参考：#febfc8，取消描边，结果如图 8-89 所示。

图 8-89　绘制圆角矩形

（9）选择"自定形状工具 "，在"形状"工具中选择"心形"，颜色可参考：#f16371；选择"横排文字工具 "，输入文字"收藏"，如图 8-90 所示。

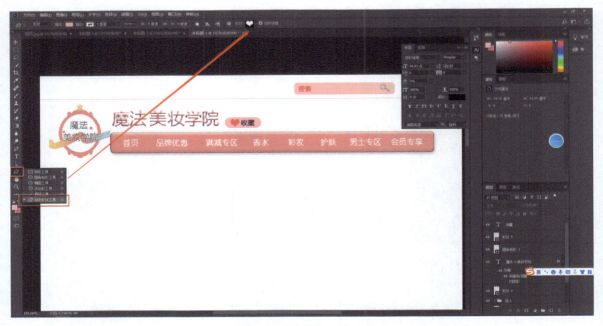

图 8-90　收藏按钮制作完成

（10）将 Banner 素材图放置在画布中，使用快捷键 <Ctrl+R> 调出标尺，结合 <Ctrl+T> 调整 Banner 图片大小及位置，如图 8-91 所示。

图 8-91　调整 Banner 图片大小及位置

2．商品导航栏的制作

（1）使用"矩形工具　"绘制一个高 833 像素、宽 233 像素的矩形，颜色为粉色（#fee6e6）。

（2）在粉色矩形上添加新的图层，使用"矩形工具　"绘制一个高 71 像素、宽 218 像素白色矩形，结合快捷键 <Ctrl+T> 调整图片大小。

（3）按照上述步骤在白色矩形上方叠加颜色为深粉色（#eb9f9f），高 34 像素、宽 212 像素的矩形。

（4）选择"自定形状工具　"，在"形状"工具中选择 图形，设置颜色为白色（#ffffff），结合快捷键 <Ctrl+T> 将图形放置于深粉色矩形上，并调整位置及大小，如图 8-92 所示。

（5）使用"横排文字工具 T"，在工具设置栏中将字体改为"微软雅黑"，字号"18.83 点"，字体样式选择"Bold"，颜色为"白色"（#ffffff），输入"宝贝分类"字样；新建文字编辑图层，字体选择"微软雅黑"，字号"13 点"，字体样式选择"Regular"，依次输入文字：按综合、按销量、按新品、按价格，如图 8-93 所示。

（6）新建图层，选择"矩形工具 □"，在工具设置栏中将"填充"设置为白色，绘制一个高 144 像素、宽 219 像素的矩形。选择"自定形状工具 "，在"形状"中选择 ▶ 图形，使用快捷键 <Alt+Shift> 可同比例缩放，结合快捷键 <Ctrl+T> 调整至合适大小及位置后按 <Enter> 键确定。使用"横排文字工具 T"，输入"唇妆"，字体为"微软雅黑"，字体样式选择"Bold"，字号"18.83 点"。新建文本图层，输入"唇彩""唇膏""唇线笔""唇部妆前和妆护"，字体为"微软雅黑"，字号"13 点"，字体样式选择"Regular"，如图 8-94 所示。

图 8-92　商品导航栏效果 1

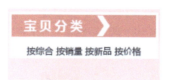
图 8-93　商品导航栏效果 2

图 8-94　商品导航栏效果 3

（7）使用同样的方式可制作"眼妆""脸部""工具"等商品导航栏。

3. 热卖商品区的制作

（1）使用"横排文字工具 T"输入"—Hot selling area—"，字体大小"30 点"，字体"微软雅黑"，字体样式"Regular"，颜色"#000000"。

（2）使用"横排文字工具 T"输入"热卖专区"字样，字体大小"23 点"，字体"微软雅黑"，字体样式"Regular"，颜色"#000000"。

（3）选择"直线工具 "，在工具设置栏中设置"无填充" ，描边设置为"2 像素"，单击描边选项，选择 ，颜色设置为"#bfbfbf"，在文字下方拉出一条线。

（4）将口红素材和粉底液素材拖曳到画布中，使用快捷键 <Ctrl+R> 调出标尺，调整好大小、位置及间距，如图 8-95 所示。

图 8-95　调整素材大小、位置及间距

（5）使用"横排文字工具 T"输入"Rouge VoLupte shine"，设置字体为"Rage Italic"，字号在 16 ~ 25 点之间。新建文本图层，使用"横排文字工具 T"输入"圣罗兰圆管"，字体"微软雅黑"，字体样式"Regular"，颜色"#000000"。再次新建文本图层，使用"横排文字工具 T"输入"莹亮纯魅圆管唇膏"，字体"微软雅黑"，字体样式"Regular"，颜色"#000000"，字号设置为"9.2点",如图8-96所示。

图8-96 输入口红文字

（6）使用"矩形工具 ▫"绘制一个高16像素、宽61像素的黑色（#000000）矩形；新建文本图层，使用"横排文字工具 T"输入"查看详情"，字体"微软雅黑"，字体样式"Regular"，颜色"#ffffff"，字号设置为"11点"，如图8-97所示。

（7）按照"口红"的制作方式进行"粉底液"宝贝展示的制作。使用"横排文字工具 T"输入"MAC STUDIO"，设置字体为"Rage Italic"，字号在16～25点之间。新建文本图层，使用"横排文字工具 T"输入"MAC/魅可"，字体"微软雅黑"，字体样式"Regular"，颜色"#000000"。新建文本图层，使用"横排文字工具 T"输入"定制无瑕粉底液"，字体"微软雅黑"，字体样式"Regular"，颜色"#000000"，字号设置为"9.2点"，如图8-98所示。

图8-97 "查看详情"按钮 　　　　图8-98 "粉底液"宝贝展示

4. 店铺上新区的制作

（1）使用"横排文字工具 T"输入"-shop new-"，字体大小"30点"，字体"微软雅黑"，字体样式"Regular"，颜色"#000000"。

（2）使用"横排文字工具 T"输入"店铺上新"字样，字体大小"23点"，字体"微软雅黑"，字体样式"Regular"，颜色"#000000"。

（3）选择"直线工具 ╱"，设置"无填充 ▨"，描边设置为"2像素"，单击描边选项，选择▭▭▭▭，颜色设置为#bfbfbf，在文字下方拉出一条线。

（4）将口红素材和眼影盘素材拖曳到画布中，使用快捷键<Ctrl+R>调出标尺，调整好大小、位置及间距，如图8-99所示。

图8-99 调整口红和眼影盘素材大小、位置及间距

（5）使用"横排文字工具 T"输入"GIVENCHY"，设置字体为"Rage Italic"，字号在 16～25 点之间。选择"横排文字工具 T"输入"纪梵希禁忌之吻"，字体"微软雅黑"，字体样式"Regular"，颜色"#000000"。选择"横排文字工具 T"输入"莹润保湿口红"，字体"微软雅黑"，字体样式"Regular"，颜色"#000000"，字号设置为"9.2 点"，如图 8-100 所示。

图 8-100 "口红"上新展示

（6）使用"矩形工具 ▭"绘制一个高 16 像素、宽 61 像素的黑色矩形（为 #000000）；新建文本图层，使用"横排文字工具 T"输入"查看详情"，字体"微软雅黑"，字体样式"Regular"，颜色"#ffffff"，字号设置为"11 点"。

（7）按照口红的制作方式进行眼影盘的制作。使用"横排文字工具 T"输入"ETUDE HOUSE"，设置字体为"Rage Italic"，字号在 16～25 点之间。使用"横排文字工具 T"输入"爱丽小屋眼影"，字体"微软雅黑"，字体样式"Regular"，颜色"#000000"。使用"横排文字工具"输入"四色渐变亚光珠光"，字体"微软雅黑"，字体样式"Regular"，颜色"#000000"，字号设置为"9.2 点"，如图 8-101 所示。

图 8-101 "眼影"上新展示

（8）其他模块制作方法类似，此处不再赘述。"魔法美妆学院"网店首页最终效果如图 8-63 所示。

技能训练

设计服装店铺首页，可通过网络查找商品图片、价格、分类等资料。

Project 9

项目九

电子商务技能竞赛"网店开设与装修赛项"实践

项目导读

电子商务技能竞赛对接产业前沿技术,引领职业院校专业建设与课程改革,引入行业标准,促进产教融合、校企合作。全面贯彻党的教育方针,落实立德树人根本任务,培养德智体美劳全面发展的社会主义建设者和接班人。通过竞赛,考察参赛选手职业道德、职业素养、技术技能水平和创业能力,提高选手利用数据实现精准营销的能力,提升学生在电子商务领域进行创新创业的能力与素质,展示职业教育改革成果,全面提升教学质量,推动电子商务从业人员整体水平的提升,激发大学生电子商务创业热情,推动"大众创业、万众创新"在高等职业教育中落地实施。

知识目标
◎ 了解全国职业院校电子商务技能竞赛"网店开设与装修赛项"要求。
◎ 知道网店标志(Logo)、横幅(Banner)、店招、主图、详情页的绘制方法。

能力目标
◎ 能够利用 PS 软件按全国职业院校电子商务技能竞赛"网店开设与装修赛项"要求绘制网店 Logo、Banner、店招、主图、详情页。

任务一 了解竞赛内容和评分标准

一、电子商务技能竞赛概述

电子商务技能竞赛以网店开设与装修、客户服务、运营推广等关键任务完成质量以及选手职业素养作为竞赛内容,全面考察选手的数据分析能力、视觉营销能力、营销策划能力、网络营销能力、客户服务能力、网店运营能力、商品整合能力和团队合作能力。电子商务技能竞赛内容与岗位、知识、技能如表 9-1 所示。

表 9-1 电子商务技能竞赛内容与岗位、知识、技能

竞赛内容	岗位	知识	技能
网店开设与装修	网络编辑 网店美工	网店知识包括 PC 店铺、跨境店铺和移动店铺开设流程与规范;商品知识包括商品属性、展示方式、信息采集;美术、网页知识	文案策划、视觉识别(VI)、商品图片处理、广告设计、首页设计、详情页设计、专题页设计、网页设计、文档管理等技能
客户服务	网络客服	客户接待与沟通(包括售前、售中和售后)、有效订单的处理(包括确认订单、下单发货和礼貌告别)、交易纠纷处理	促成客户成交、提高客单价、引导客户及时收货及好评、维护店铺权益、激发客户再次购买等服务处理能力
运营推广	运营经理 推广专员 店长	关键词优化(SEO)、关键词竞价推广(SEM)、市场营销(4P)、消费心理学和消费行为学、采购管理、财税知识	网络营销能力 店铺规划能力 供应链管理能力 财务分析能力

电子商务技能竞赛各阶段竞赛内容与分值、竞赛方式、竞赛时间如表 9-2 所示。

表 9-2 电子商务技能竞赛各阶段竞赛内容与分值、竞赛方式、竞赛时间

竞赛阶段	竞赛内容	分值	竞赛方式	竞赛时间
第一阶段	网店开设与装修	25 分	2 人分工合作	120 分钟
	客户服务	15 分	2 人分工合作	约 30 分钟
第二阶段	运营推广	60 分	4 人分工合作	约 300 分钟

二、网店开设与装修赛项要求

按照开店流程完成网店注册、认证、设置操作。在竞赛软件允许的结构范围内,利用竞赛软件提供的素材,完成 PC 电商店铺、移动电商店铺、跨境电商店铺首页的"店铺标志、店铺招牌、商品分类、广告图、轮播图、商品推荐"的设计与制作;完成 PC 电商店铺、移动电商店铺、跨境电商店铺商品详情页的"商品展示类、吸引购买类、促销活动类、实力展示类、交易说明类、关联销售类"的设计与制作;通过图片、程序模板等装饰让店铺丰富美观,提高转化率。比赛当日抽取一类商品作为赛题,按照下面的要求完成网店开设与装修。

1. 网店开设

按照系统流程先开设店铺，设置店铺信息，包括店主姓名、身份证号、身份证复印件（大小不可超过150K）、银行账号、店铺名称、店铺主营、店铺特色、营业执照、店铺分类（背景材料由赛项执委会提供）。

2. 店标、店招设计

（1）设计要求。店标、店招大小适宜、比例精准、没有压缩变形，能体现店铺所销售的商品，设计独特，具有一定的创新性。

（2）PC电商店铺要求。制作1张尺寸为230像素×70像素、大小不超过150K的图片作为店标；PC电商店铺不制作店招。

（3）移动电商店铺要求。制作1张尺寸为100像素×100像素、大小不超过80K的图片作为店标；制作1张尺寸为642像素×200像素、大小不超过200K的图片作为店招。

（4）跨境电商店铺要求。制作1张尺寸为230像素×70像素、大小不超过150K的图片作为店标；跨境电商店铺不制作店招。

3. 网店Banner

（1）设计要求。Banner主题与店铺所经营的商品具有相关性；设计具有吸引力和营销向导；设计规格可以提升店铺整体风格。素材由竞赛组委会提供，提供的图片中共有5种商品，店铺的设计以营销为导向，旨在销售5种商品，其中4种商品做Banner图，剩下一种商品做主图和详情页。

（2）PC电商店铺要求。制作4张尺寸为727像素×416像素、大小不超过150K的图片。

（3）移动电商店铺要求。制作4张尺寸为608像素×304像素、大小不超过150K的图片。

（4）跨境电商店铺要求。制作4张尺寸为980像素×300像素、大小不超150K的图片。

4. 商品主图

（1）设计要求。图片必须能较好地反映出该商品的功能特点、对客户有很好的吸引力；保证图片有较好的清晰度；图文结合的图片，文字不能影响图片的整体美观，不能本末倒置；图片素材由赛项执委会提供。

（2）PC电商店铺要求。制作4张尺寸为800像素×800像素、大小不超过200K的图片。

（3）移动电商店铺要求。制作4张尺寸为600像素×600像素、大小不超过200K的图片。

（4）跨境电商店铺要求。制作6张尺寸为800像素×800像素、大小不超过200K的图片。

5. 商品详情页

（1）设计要求。商品详情页通常包含商品描述、商品信息（图片、文本或图文混排）、商品展示（图片）、促销信息、支付与配送信息、售后信息；图片素材由赛项执委会提供。商品描述中包含该商品的适用人群，及对该类人群有何种价值与优势；商品信息中可以包含以促销为目的宣传用语，但不包含过分夸张。

（2）PC电商店铺要求。运用HTML+CSS和图片配合对商品描述进行排版；要求使用Dreamweaver处理成HTML代码或者用Photoshop设计成图片后放入商品描述里添加。

（3）移动电商店铺要求。商品详情页所有图片总大小不能超过1 536K；图片建议宽度为480~620像素、高度不超过960像素；当在图片上添加文字时，建议中文字体大于等于30号字，英文和阿拉伯数字大于等于20号字；若添加文字内容较多，可使用纯文本的方式进行编辑。

（4）跨境电商店铺要求。运用HTML+CSS和图片配合对商品描述进行排版；要求使用Dreamweaver处理成HTML代码或者用Photoshop设计成图片后放入商品描述里添加。

三、网店开设与装修赛项评分标准

网店开设与装修赛项评分标准如表 9-3 所示。

表 9-3 网店开设与装修赛项评分标准

项目	内容		评分细则	分值
网店开设与装修	PC 电商店铺	首页	店标设计独特,有一定的创新性,并且能够反映出店铺所销售的商品	0.5 分
			网店 Banner 图片主题统一(0.5 分),与店铺经营商品具有相关性(0.5 分),Banner 设计具有吸引力并且具有一定的营销导向(0.5 分),Banner 整体设计能够提升店铺整体风格(0.5 分)	2 分
		详情页	商品标题包含体现商品属性、特点、卖点的关键词(每个关键词 0.1 分,最高 0.5 分)	0.5 分
			商品图片(1 主 3 辅,第 1 张为主图,其余为辅图)设计美观(0.8 分),主题突出(0.6 分),有视觉冲击力(0.6 分)	2 分
			商品相关属性描述,需包含商品属性、特点、卖点(3 分),适用人群,配送,支付,售后,评价等相关内容的信息(1 分);此部分图文混排得分更高	4 分
	移动电商店铺		能够按照要求把 PC 电商店铺的内容准确无误地移植到移动电商店铺,不存在缺项漏项(0.5 分),移动电商店铺完整独立(0.5 分)	1 分
			内容完整的前提下,移动电商店铺的图片不能存在模糊失真或者压缩变形的情况	2 分
			移动电商店铺的店招设计能够突出店铺的特色,与店标搭配协调	0.5 分
	跨境电商店铺	首页	店标设计独特,有一定的创新性,并且能够反映出店铺所销售的商品	0.5 分
			网店 Banner 图片主题统一(0.5 分),与店铺经营商品具有相关性(0.5 分),Banner 设计具有吸引力并且具有一定的营销导向(0.5 分),能够提升店铺整体风格(0.5 分)	2 分
			网店产品展示设计风格统一(0.5 分),产品分类清晰(0.5 分)	1 分
		详情页	设置给定商品的英文标题,商品标题包含体现商品属性、特点、卖点的关键词(每个关键词 0.2 分,最高 1 分),英文表达准确	1 分
			商品图片(6 张)设计美观,主题突出(0.5 分),图片要真实,不过分修饰(0.5 分)	1 分
			商品相关属性描述,需包含商品属性、特点、卖点(1 分),适用人群,配送,支付,售后,评价等相关内容的信息(1 分);英文表达准确,图片内容真实,不允许过度修饰(1 分)	3 分
	营销策划		网店整体装修中能够体现营销策划的相关内容,含有推荐商品、促销活动的标识和以促销为目的的宣传用语,但是不允许过分夸张(1 分);跨境店铺装修中的促销用语不允许出现错别英文单词(1 分)	2 分
	视觉营销		店铺首页及商品详情页的装修要重点突出,符合目标消费者的浏览习惯(1 分),布局设计上能够引导消费者的视觉关注点,层次清晰,能够通过视觉的冲击和审美视觉感观提高买家的兴趣,达到产品推广的目的(1 分)	2 分

总则
1. 在所有需要以图片展示的得分项目中,如果有图片变形、模糊、失真等情况存在,则该项得分减半。
2. 在对图片数量有明确要求的得分项目中,如果出现图片数量不足,则该项不得分。
3. 如果竞赛作品与赛题完全不相关,则该项不得分。
4. 跨境店铺在视觉展现方面应考虑到国外客户对电商网站的视觉偏好,如果与 PC 端一致,只是将中文改成英文或拼音,那么跨境店铺各部分要在实际得分基础上减半。
5. 如果在作品中任何位置显示参赛院校或者参赛选手信息的,则网店开设与装修环节记零分。

任务二 绘制"玩具赛卷"网店 Logo 与主图

任务描述

设计并绘制"玩具赛卷"网店 Logo 与主图,如图 9-1 和图 9-2 所示。
(1) Logo 设计要求。制作 1 张尺寸为 230 像素 ×70 像素、大小不超过

图 9-1 网店 Logo

150K 的图片作为 Logo，要求大小适宜、比例精准、没有压缩变形、能体现店铺所销售的商品，设计独特，具有一定的创新性。

（2）商品主图设计要求。图片必须能较好地反映出该商品的功能特点、对客户有很好的吸引力；保证图片有较好的清晰度；图文结合的图片，文字不能影响图片的整体美观，不能本末倒置。

理论知识

图 9-2 "玩具赛卷"主图

Logo 是品牌或一个店铺的标志，当我们看到某个知名品牌的 Logo，便能瞬间知道这是某个品牌。网络店铺为了增加辨识度，常会设计 Logo 并添加到主图上，可见 Logo 能起到很大的作用。

商品主图关系到品牌形象与品牌定位，还关系到产品的搜索权重，因此不能频繁更换。在同样的位置，展现量不变，如果首图点击率从 0.25% 提升到 0.5%，则流量提升两倍，精准度是一样的，销售额就提升两倍。如果提升到 1%，则销售额提升了 4 倍。

一、网店 Logo 的设计方法

1. 全字体 Logo

有很多 Logo 都是仅由字体构成的，但一个只有字体组成的 Logo 并不意味着它没有创造性及不需要技巧。一个使用经典字体组成的全字体 Logo 可传达出企业坚定、可靠、实事求是的气息。有很多著名企业都是采用这类 Logo，如 IBM、苹果公司或旁氏化妆品公司。

如果打算设计一个这样的 Logo，最好确保所使用的字体具有良好的表达能力，仔细安排好字体线条的粗线、字间距、行间距，以及放置连字符或虚线的位置等。

图 9-3 全字体 Logo 示例

全字体 Logo 示例如图 9-3 所示。

2. 变形

我们经常会在 Logo 中对某个字母进行变形以达到一种特别的效果。这种变形有些仅仅通过增加和减少某个元素就可以简单实现，而有些则涉及一些比较复杂的技巧。

改变其中字母，使其与其他字母相互配合，是很多字母 Logo 都采用的设计手法。对某个字母增加有趣的视觉元素，可使整个 Logo 显得更加独特。

图 9-4 变形 Logo 示例 1

如图 9-4 所示，这个简单的字母 Logo 用一个绿色形状代替 H 字母中的一横，不仅使视觉更有趣，而且还强调了 "huabao" 这个词。

如图 9-5 所示，当我们看见这个 Logo 时，我们的眼睛很自然地就被三个圆圈的设计所吸引。

图 9-5 变形 Logo 示例 2

3. 象征元素与文字配合

很多 Logo 都由象征元素与文字相互配合，如果在设计 Logo 时预算较多，允许花更多的精力和时间，就越有可能设计出一个特立独行的 Logo。但很多时候，就算花费大量的时间和资金去设计，也无法达到令人满意的效果。象征元素与文字要相互配合，才会给人一种独一无二的感觉，而不是仅仅靠某个图案。象征元素与文字配合的 Logo 示例如图 9-6 所示。

4. 增加剪贴画与原创插图

采用插图的设计很有趣,一定要做到设计出来的Logo能够让人理解。采用插图的Logo如图9-7所示。

图9-6 象征元素与文字配合的Logo示例　　　图9-7 采用插图的Logo示例

二、商品主图与辅图绘制要点

买家进入商品详情页,会关注商品图片、标题、价格以及用户评价。优质的商品图片能够直接给产品带来良好的转化。

优化商品图片

1. 商品主图绘制要点

(1)主图要努力给买家呈现出"带入感",把商品放在场景中展示。一张"带入感"十足的主图,可以很好地吸引买家的眼球。下面两张男士上装的主图(如图9-8所示),一张衣服褶皱没有质感,另一张模特穿着合体有型,哪张胜出显而易见。

类似地,还有下面两张婴儿磨牙玩具主图(如图9-9所示),图9-9b展示了婴儿啃咬产品的场景,更容易让买家在众多的主图中快速发现目标产品。

a) 　　　　　　　b) 　　　　　　　　　　　a) 　　　　　　　b)

图9-8 服装主图对比　　　　　　　　　　图9-9 婴儿磨牙玩具主图对比

(2)主图应呈现真实的产品外观,不要过度修饰。追求图片的美观性没有错,但图片的修饰不可太夸张;否则,即使成功吸引客户点击,但当客户发现实物和产品主图差太多时,会瞬间失去兴趣。

图9-10a中叠放在一起的口罩没有耳带,这显然与实物不符,给人图片过度修饰、不切实际的感觉,会降低买家对产品的信任感。图9-10b中叠放的口罩及纸质包装盒有真实感,再加上口罩图片精美,很容易吸引买家点击。

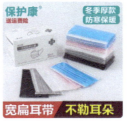 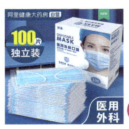

a) 　　　　　　　b)

图9-10 口罩主图对比

(3)如果主图要展示一套商品,商品的摆放要有序、简洁。在图9-11中,很显然右侧的主图(图9-11b)让人看了更舒服,也更晰地展示出这套玩具的组成。尽管左侧的主图(9-11a)出现了小狗把玩的场景,但凌乱的图案和相似的颜色,并没有展示出产品的品质。

(4)把产品单一的功能增值化,提高某些特定人群的关注度。在产品本身不具备特别显著的特色,同时竞品众多的情况下,挖掘使用产品的增值功能,可以吸引一些买家的目光。如

图 9-12 所示，同样是运动水瓶，在材质和颜色趋同的情况下，突出免费刻字服务与产品耐高温的特点，有一定的吸睛作用。

　　　　a）　　　　　　　b）　　　　　　　　　　　　a）　　　　　　　　　b）

　　图 9-11　宠物玩具主图对比　　　　　　　　图 9-12　运动水瓶主图对比

2. 商品辅图绘制要点

我们结合某跨境平台销售的一款扫地机器人的商品辅图，来学习如何采用"五要素法"进行商品辅图的优化。

（1）功能图——突出产品独特的功能。对产品独特的功能进行展示或说明，突出客户购买产品后将获得的所有好处。每个产品都有其独特的卖点，确定产品卖点并将其显示在图片中，从而让客户知道产品可以给他们的生活带来便利，可以提高产品的销售转化率。因为大多数时候客户对技术规范不感兴趣，而是更关注更容易理解的产品好处。产品功能展示如图 9-13 所示。

（2）展示细节——细微之处见风范。通过放大产品的细节或者内部结构，突出产品的优异之处，包括质量上乘、工艺先进、精工细作等，能让买家更深层次地了解产品，帮助买家建立对产品的信任感。要注意的是，细节图需要添加简洁的文案介绍或强调。产品细节展示如图 9-14 所示。

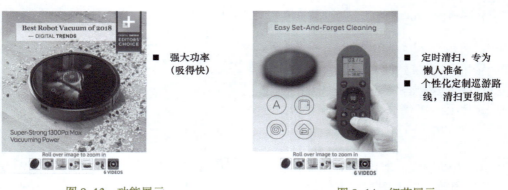

　　图 9-13　功能展示　　　　　　　　　　图 9-14　细节展示

（3）明晰尺寸——突出产品设计精巧。通过标明产品的尺寸，突出产品的精巧设计，凸显产品优势。购物者在网上无法感知和触摸产品，为了让买家能更好地体会产品的高度，特意在扫地机旁边放置一个垒球当作高度参照物，体现了卖家的用心。产品尺寸及细节说明如图 9-15 所示。

（4）描绘场景——优化生活或工作方式。通过描绘产品使用场景，凸显使用这款产品会给生活或工作方式带来怎样的改变，从而使产品看起来更具冲击力并打动人心。使用场景展示如图 9-16 所示。

- 产品高度 2.85 英寸（1 英寸 =2.54 厘米，与垒球同高，可以钻入很多家具下方清扫）
- 三点旋转 360 度清扫模式
- 1300Pa，超强吸力

图 9-15　产品尺寸及细节说明

- 工作噪声小
- 清洁的同时给用户安静的环境

图 9-16　使用场景展示

（5）优势对比——强中更有强中手。在其他同类产品容易出问题的点，突出"我的"产品的优势。通过图片展示出从木地板到厚地毯照样能顺畅前行工作。优势对比如图 9-17 所示。

在开展网店装修时，请一定注意遵守电商平台的规则及法律法规，诚信经营，避免商标和商品图片侵权。

- 采用先进技术，能最大限度地清洁地板和地毯
- 可以在地板和地毯之间顺畅切换，不会卡机

图 9-17　优势对比

任务实现

任务实现步骤：

1. 绘制"玩具赛卷"网店 Logo

（1）新建一个宽度为 230 像素、高度为 70 像素、分辨率为 72 像素 / 英寸、颜色模式为 RGB 颜色的文档，如图 9-18 所示。

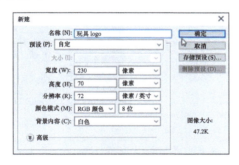

图 9-18　新建文档

（2）在工具栏选中"多边形工具"，在工具设置栏修改参数：描边"无"，填充"红色"（R：206，G：27，B：41），设置边数"4"，如图 9-19 所示。

图 9-19　修改工具属性栏参数

（3）修改完参数后，使用"多边形工具"绘制一个菱形，绘制完成后右击此菱形，选中"自由变换路径"，将右侧的控制点向右方向拖曳，结果如图 9-20 所示。

（4）使用快捷键 <Ctrl+J> 复制两个"多边形"图层，

图 9-20　绘制菱形

再在"多边形工具 "的工具设置栏中分别修改"填充"颜色为黄色（R:183，G:170，B:0）和蓝色（R:68，G:138，B:202）；依次选中刚刚复制的图层，在菜单栏中选择"编辑"→"自由变换"或者使用快捷键<Ctrl+T>，拖动鼠标对多边形进行旋转，旋转完成后按回车键取消自由变换模式，结果如图 9-21 所示。

图 9-21 制作完成的图形效果

（5）在工具栏选中"横排文字工具 "，在工具设置栏中修改参数：字体为"幼圆"，字体大小"36 点"，加粗，字体颜色为"黑色"（R:0，G:0，B:0），修改完成后在空白处输入文字"优品玩具"，至此商品 Logo 绘制完成，结果如图 9-22 所示。

图 9-22 网店 Logo 效果图

2. 绘制"玩具赛卷"商品主图

（1）新建一个宽度为 800 像素、高度为 800 像素、分辨率为 72 像素/英寸、颜色模式为 RGB 颜色的文档，如图 9-23 所示。

（2）在"图层"面板中单击"新建图层按钮 "，新建一个图层 1；在工具栏中选择"油漆桶工具 "，填充颜色为"灰色"（R:165，G:165，B:165）。

（3）选中图层 1，在"图层"面板中将该图层的不透明度修改为 35%，如图 9-24 所示。

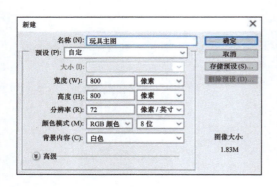

图 9-23 新建文档

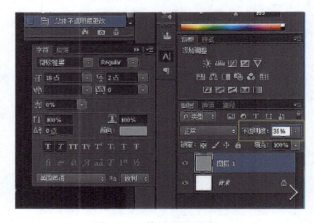

图 9-24 修改不透明度

（4）从赛卷中选择需要的图片，使用快捷键<Ctrl+C>复制，<Ctrl+V>粘贴到新建文档中；在工具栏中选择"魔棒工具 "，单击飞机图片的白色背景部分，按<Delete>键进行删除，就可以将飞机抠出，如图 9-25 所示。

（5）选中图层 2（即飞机所在图层），在菜单栏中选择"编辑"→"自由变换"或者使用快捷键<Ctrl+T>，用鼠标选中 8 个控制点中的任意一点进行图片大小的调整，并通过拖曳飞机图片调整至合适的位置。

图 9-25 用"磨棒工具"将飞机抠出

（6）在工具栏中选择"矩形工具 "，在工具设置栏修改参数：填充"无"，描边"10 像素"，颜色为"红色"（R:148，G:41，B:21），拖动鼠标绘制外边框，如图 9-26 所示。

（7）使用与步骤（5）同样的方法调整选框和飞机图片的大小，并通过鼠标拖曳的方式进行位置调整，调整后的效果如图9-27所示。

（8）在工具栏中选中"椭圆工具 ⬭"，进行参数的修改：将"填充"的颜色设置成"红色"（R:148，G:41，B:21），"描边"颜色设置为"橙色"（R:244，G:191，B:95）。

图9-26　绘制外边框

图9-27　调整飞机大小和位置

（9）参数修改完成后，拖动鼠标绘制两个一高一低的椭圆；再使用工具栏中的"圆角矩形工具 ▢"绘制一个长条圆角矩形（描边的参数值修改为"5像素"，其余不变），绘制完成后，多余的部分可以用工具栏中的"橡皮擦工具 ✐"进行擦除，最后完成效果如图9-28所示。

图9-28　绘制下方椭圆和长条圆角矩形

（10）在工具栏中选中"直排文字工具 IT"，输入文字"活动价"，在工具设置栏调整参数，字体设置为"微软雅黑"，字体大小"24点"，字体颜色"白色"（R:255，G:255，B:255），选中文字后右击将字体加粗，设置为斜体；再在工具栏中选中"横排文字工具 T"，输入文字"¥9.9"，用同样的方法修改参数，字体大小调整为"36点"，其余参数不变；再使用"横排文字工具 T"输入文字"加厚耐摔 3C认证 抗震耐压 简易上手"，同样修改字体大小为"30点"，其余参数不变，最后将文本调整至适当的位置。

（11）商品主图绘制完成，结果如图9-2所示。

技能训练

模仿本任务的实现步骤，用所给的素材（如图9-29所示）绘制玩具赛卷的店招。

图9-29　素材图

任务三　绘制"运动及娱乐赛卷"网店Banner

任务描述

绘制"运动及娱乐赛卷"网店Banner，如图9-30所示。

（1）Banner设计要求。Banner主题与店铺所经营的商品具有相关性；设计具有吸引力和营销向导；设计规格可以提升店铺整体风格。

（2）网店Banner素材。Banner素材如图9-31所示。

图9-30　网店Banner效果图

a)　　　　　b)　　　　　c)

图9-31　Banner素材图

a）跑步机素材图　b）Logo素材图　c）盆栽素材图

理论知识

Banner 的设计目的就是吸引用户的眼球。好的 Banner 设计，虽然都是由图片加文字组成，但也绝不是简单地叠加。如同一首乐曲，既可以是古典交响乐，也可以是流行电子乐，还可以是民间小调，形式多样，手法不一。

1. Banner 的主要设计风格

（1）高冷风格 Banner。国际品牌常采用此风格，有时连文案都不需要，如图 9-32 所示。
（2）文艺风格 Banner。这类 Banner 最明显的特点就是留白，如图 9-33 所示。
（3）新品首发类 Banner。这类 Banner 可以设计得稍微热情一点，如图 9-34 所示。
（4）时尚类 Banner。这类 Banner 可以设计得稍微酷一点，如图 9-35 所示。
（5）小清新 Banner。这类 Banner 可以设计得可爱一点，如图 9-36 所示。

图 9-32　高冷风格 Banner　　　图 9-33　文艺风格 Banner　　　图 9-34　新品首发类 Banner

图 9-35　时尚类 Banner　　　　　　　　　图 9-36　小清新 Banner

2. 网店 Banner 设计注意事项

（1）先保证信息能够准确地传达给用户，再考虑视觉好看。
（2）Banner 的文字和图片要清晰，可阅读，注意背景色搭配。
（3）文字大小要合理设置。
（4）一般来说，颜色冷、饱和度低、颜色种类少的 Banner，没有颜色暖、饱和度高、颜色种类多的 Banner 营销效果好。
（5）相较于背景复杂、颜色多、留白少，背景越简单、颜色越少、留白越多，越能传递出雅致、文艺之感。

3. Banner 的文案设计

好的标题能够吸引买家的注意，而糟糕的标题则会让人看都不想看，扫一眼便略过去了。所以做好 Banner 的第一件事情，就是设计走心的文案。所谓走心，就是触动人的心灵，或者说让买家感兴趣，激发买家的点击欲望。

我们时常会看见这样的广告文案，内容直接罗列了公司经营的产品或业务，或者是像说明书一样详尽介绍了产品或服务的主要功能。从广告主的角度来看这是合理的，用户需要知道产品有这些特点，只有这样产品和服务才能被记住。但事实往往是：这些平淡无趣的广告，除了广告主自己以外，很难有用户真的愿意关注它。

当然，用户绝对不会因为你写了几句话，就买下产品，还会考虑价格、品质等因素。不过，

Banner 的使命就是吸引用户点击，提高页面转化率。用户感兴趣并点击，视觉营销就成功了。

下面以某品牌行车记录仪的 Banner 文案（如图 9–37 所示）为例进行讲解。

我们来分析写文案人的心理假设（如图 9–38 所示）：B 点明确想让用户买我的记录仪，那么 A 点是用户想买行车记录仪，不知道哪家好。我的记录仪有这么多功能，那么用户一定需要这个记录仪。

图 9–37　某品牌行车记录仪 Banner　　　　图 9–38　写文案人的心理假设

但用户真正的 A 点可能并不是"想买行车记录仪，不知道哪家好"，而是"我为什么需要行车记录仪"。所以对于这样的用户，可能更合适的文案思路是告诉用户，使用了你的产品，"真相看得见"。

4. Banner 的排版与布局

Banner 的排版与布局，就是把文字、图片、图形等可视化元素合理地调整大小、方向，使整个 Banner 的版面更加精致和精美。成功的构图能够吸引用户点击，使用户产生购买欲望，愿意了解内容。

Banner 的排版与布局有以下几种形式。

（1）左右式构图。这是最常见的构图方式之一，分别把主题元素和主标题左右摆放，如图 9–39 所示。

图 9–39　左右式构图

（2）居中辐射式构图。标题文字居中，分别把主题元素环绕在文字周围，用在着重强调标题的环境，如图 9–40 所示。

（3）倒三角形构图。倒三角形构图标题突出，构图自然稳定，空间感强，如图 9–41 所示。

（4）斜线构图。产品所占比重相对平衡，构图动感、活泼、稳定，运动感和空间感较强。此类构图适合数码产品、车品、潮流产品，如图 9–42 所示。

图 9–40　居中辐射式构图　　　　图 9–41　倒三角形构图　　　　图 9–42　斜线构图

5. Banner 的字体设计

每个字体都有自己的性格与气质。选择使用一款字体的时候，除了考虑它的易读性，更多考虑的是这款字体能否准确地传达出产品独有的气质。Banner 的字体设计有以下几种风格。

（1）男性气质。凸显男性气质的字体有方正粗谭黑、站酷高端黑、造字工房版黑、蒙纳超刚黑。黑体粗壮紧凑，颇有力量感，可塑性很强，适用于各种大促类的电商广告，如图 9–43 所示。

（2）文艺气质。凸显文艺气质的字体有方正大小标宋、方正清刻本悦宋、康熙字典体。宋体的衍生有很多，有长有扁，有胖有瘦。旅游类电商网站经常会用到此类字体。运用宋体进行排版处理，显得清新又文艺，如图 9–44 所示。

（3）女性气质。凸显女性气质的字体有方正兰亭超细黑、汉仪秀英体。女性的特点是细致优雅、苗条纤细；此类字体常被用于化妆品、女性杂志、艺术等女性主题领域，如图 9–45 所示。

（4）文化气质。凸显文化气质的字体有王羲之书法字体、颜真卿颜体。书法字体具有很强的设计感与艺术表现力，运用好的话往往是点睛之笔。各式各样的书法字体有自己的特点，把握好这一点，既能增加文化内涵，也能衬托出产品的气质，如图9-46所示。

图9-43　男性气质的字体设计

图9-44　文艺气质的字体设计

图9-45　女性气质的字体设计

图9-46　文化气质的字体设计

6. 模特的选取

模特展示相对于产品展示更能激发用户的购买欲望，更容易吸引用户的眼球；相较于冷酷、忧伤、颓废的模特，活泼可爱、搞怪、积极向上的模特会显得更具亲和力，对于促进销售也更有帮助。

7. 分清主次关系

带有Logo的，Logo应始终处在比较显眼的位置，其次是标题与标语。好的Banner文字都比较饱满和集中，Logo和标题应该更为醒目，标语作为陪衬；不带有Logo的，标题应该更为醒目，标语作为陪衬。

当需求文字过多时，要注意主要信息的提取，弱化辅助信息以及一些不重要的词汇；当需求文字过少时，要注意用配图来弥补空间上的不足，或者增加一些辅助信息（域名等）丰富画面，或者做出美术字体让画面更加丰富。

任务实现

任务实现步骤：

（1）新建一个文件，将宽度设为727像素，高度设为416像素，分辨率设为72像素/英寸，颜色模式设为RGB颜色，背景内容为白色，如图9-47所示。

（2）在工具栏选中"矩形工具"，修改相关参数：填充"无"，描边"15"，颜色"棕色"（R:163，G:128，B:91），修改完后绘制一个画布大小的边框；再选中工具栏中的"油漆桶工具"，修改颜色为白色（R:238，G:238，B:238），如图9-48所示。

（3）导入Banner素材（图9-31c），使用自由变换快捷键<Ctrl+T>将素材图片调整至合适的位置和大小，如图9-49所示。

（4）在工具栏选中"矩形选框工具"，在图片中框选不需要的部分，使用<Delete>键进行删除，如图9-50所示；在菜单栏中选择"编辑"→"自由变换"或使用快捷键<Ctrl+T>调整大小。

再使用工具栏中的"矩形选框工具"，选中下面木地板部分，使用快捷键<Ctrl+T>对选中的区域进行横向拉长，如图9-51所示。

图 9-48 绘制边框　　图 9-50 删除不需要的部分

图 9-47 新建文件　　图 9-49 导入 Banner 素材（盆栽）　　图 9-51 选中木地板

（5）在工具栏选中"多边形套索工具"，在工具设置栏修改相关参数：羽化"15"。修改完成后将盆栽围绕边缘部分进行框选，如图 9-52 所示，形成选区后将选区复制并粘贴至新图层；在工具栏中选中"橡皮擦工具"，在工具设置栏中调整相关参数：大小"200"、硬度"0"，擦除除盆栽以外多余的部分，如图 9-53 所示；在菜单栏中选择"编辑"→"自由变换"或使用快捷键 <Ctrl+T>，右击图片选择"水平翻转"，并将完成的盆栽图片放置左下角，如图 9-54 所示。

图 9-52 框选盆栽

（6）在工具栏选中"画笔工具"，在工具-设置栏修改其参数：画笔"圆角低硬度"、大小"200"、颜色"淡橙色"（R:232，G:221，B:209），修改完成后按住 <Shift> 键在画布上从左至右画一条，再从右至左画一条，使两条线重叠；在菜单栏中选择"编辑"→"自由变换"，将两条线进行旋转并调整至合适的位置。在"图层"面板双击该图层，在"图层样式"对话框中设置投影，投影颜色为灰色（R:195，G:195，B:195）并修改如图 9-55 所示的参数，单击"确定"，效果如图 9-56 所示。

图 9-53 擦除多余部分

（7）将素材图片（图 9-31a）导入 PS，在工具栏中选中"魔棒工具"，单击图片的白色背景部分，再从菜单栏中执行"选择"→"反选"命令，即可将跑步机抠出。将抠好的跑步机复制粘贴至新图层，再利用自由变换快捷键 <Ctrl+T> 来调整合适的大小和位置，如图 9-57 所示。

（8）在工具栏中选中"矩形工具"，修改相关参数：描边"无"、填充"棕色"（R:163，G:128，B:91），绘制一个矩形，在"图层"面板中修改不透明度为"50%"，并双击该图层，在"图层样式"对话框中设置投影，修改如图 9-58 所示的参数。

图 9-54 将盆栽水平翻转

（9）使用"横排文字工具"分别输入以下文字：
"多功能折叠跑步机"：字体"微软雅黑"、字号"36 点"、颜色"黑"（R:0，G:0，B:0）。
"横向减震 静音节能 精工制造"：字体"微软雅黑"、字号"18 点"、颜色"黑"（R:0，G:0，B:0）。
"促销价：¥"：字体"微软雅黑"、字号"18 点"、颜色"黑"（R:0，G:0，B:0）。
"1699"：字体"Script MT Bold"、字号"60 点"、颜色"黑"（R:0，G:0，B:0）。

"最后24小时|立即抢购>"：字体"微软雅黑"、字号"14点"、颜色"黑"（R:0, G:0, B:0）。

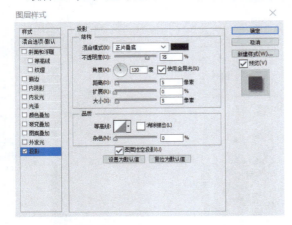

图9-55 "投影"参数设置1

图9-56 用"画笔工具"绘制线条效果

图9-57 添加跑步机

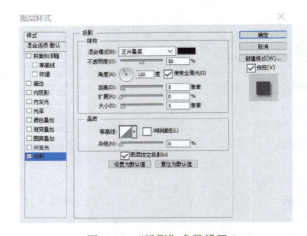

图9-58 "投影"参数设置2

（10）输入完成后，导入Logo素材图（图9-31b），进行简单的排版即可，完成效果如图9-30所示。

技能训练

根据所给的素材（如图9-59所示）绘制护腕的Banner，参考效果如图9-60所示。

a)   b)   c)

图9-59 护腕素材图
a) 盆栽素材图　b) 护腕素材图　c) Logo素材图

图9-60 效果参考图

任务四　绘制"珠宝饰品赛卷"商品详情页

任务描述

绘制"珠宝饰品赛卷"商品详情页，如图 9-61 所示。

图 9-61　"珠宝饰品赛卷"商品详情页

精品包装，送礼必备

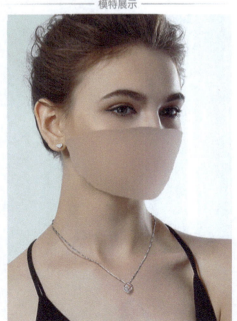

模特展示

图 9-61 "珠宝饰品赛卷"商品详情页（续）

（1）商品详情页设计要求。商品详情页通常包含商品描述、商品信息（图片、文本或图文混排）、商品展示（图片）、促销信息、支付与配送信息、售后信息；图片素材由赛项执委会提供。商品描述中包含该商品的适用人群，及对该类人群有何种价值与优势；商品信息中可以包含以促销为目的宣传用语，但不允许过分夸张。

（2）商品详情页产品素材。

1）产品介绍，如表9-4所示。

表9-4 产品介绍

产品名称	魔方形项链	品牌	老银铺
净重	10g	颜色	银白
链长	40厘米/15.7英寸+5厘米/2英寸	材料	S925银 施华洛世奇合成立方氧化锆
是否带吊坠	是	适用人群	16～46岁女性
吊坠尺寸	8.8mm×8.8mm	零售价	368元

2）素材图片，如表9-5所示。

表9-5 素材图片

序号	素材图片	序号	素材图片	序号	素材图片
1		6		11	
2		7		12	
3	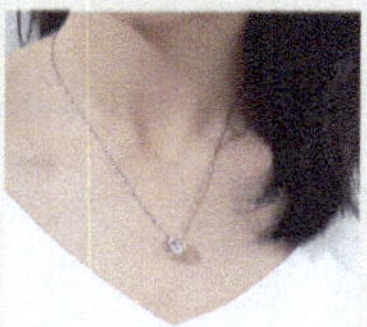	8		13	
4		9		14	
5		10		15	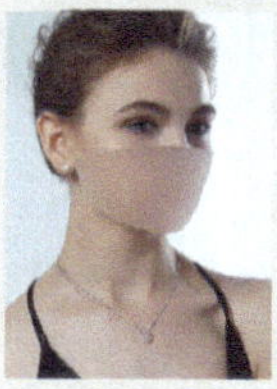

（续）

序号	素材图片		
16	项链好喜欢，纯度高，质量好，关键是比实体店实惠，戴着显肤色不错的选择，赞 03.02	颜色分类：925 银 + 满天星链 + 镶施华洛世奇合成立方氧化锆	_***2(匿名)
	项链收到啦，包装很精致，做工也精细，戴起来很好看，这个价格很实惠 03.11	颜色分类：925 银 + 满天星链 + 镶施华洛世奇合成立方氧化锆	y***8(匿名)
	收到项链，甚是惊喜，晶莹剔透，熠熠生辉，价格不贵，高端大气。 03.02	颜色分类：925 银 + 满天星链 + 镶施华洛世奇合成立方氧化锆	谁***人(匿…) 超级会员
	好看呀，特别上档次，小伙伴们都说好看，给她们推链接了，哈哈，喜欢的小伙伴们可以下手啦，真的很不错！ 03.04	颜色分类：925 银 + 尖刀瓜子链 + 镶施华洛世奇合成立方氧化锆	小***8(匿名)
	宝贝收到了，包装精美的，款式不错，质量也好，戴起来高端大气上档次。	颜色分类：925 银 + 满天星链 + 镶施华洛世奇合成立方氧化锆	x***h(匿名)

理论知识

为什么有的店铺曝光率和点击率双高，而有的店铺却一直低谷不断呢？这不仅仅是产品、价格、服务的原因，更在于商品详情页的设计。以服装类产品详情页为例看看客户最在乎什么，如图 9-62 所示。

根据访谈和眼球运动轨迹，可以获得用户打开详情页之后的典型浏览轨迹：用户首先关注商品主要信息（主图和价格等），觉得有兴趣想进一步了解的，则开始关注商品详细介绍和商品细节说明及图片。前 10 秒，用户注视的重点集中在主信息区域；10～20 秒，用户注视的重点下移到宝贝详情区域（包括评价、成交记录）；30 秒后开始关注页面左侧的客服、网店商品分类，再次回到主信息区域。

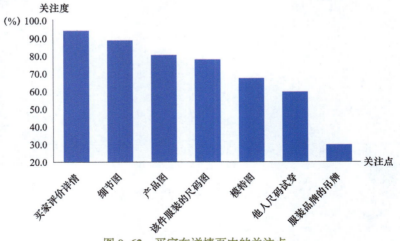

图 9-62 买家在详情页中的关注点

一、绘制商品详情页需要遵循的基本点与法则

1. 两个基本点
（1）把所有的客户都当成非专业人士。
（2）寻找产品的价值点而非促销点。

2. 六个法则
（1）3秒法则。3秒钟必须引起客户的注意力。
（2）前3屏法则。前3屏决定客户是否想购买商品。
（3）讲故事法则。情感营销引起买家的共鸣。
（4）一句话法则。用一句话提炼产品卖点。
（5）重复性法则。商品卖点只需要一个且要不停地告诉客户。
（6）FAB法则。介绍产品的特点、优势及其能带给客户的利益，给客户一个购买的理由。

商品详情页制作要点——FAB法则

商品详情页制作要点——IIC法则

二、商品详情页设计的逻辑框架

1. 店铺活动介绍
一旦商品符合买家的喜好，并且买家对购买的商品感到满意，他们就有可能再次来到这家店，关注新品或者其他商品。告知买家促销活动，比如收藏有奖、关注领取优惠券，可促使买家收藏店铺。

2. 产品特点展示
卖家需要对商品有充分的了解，展示产品时应突出商品卖点或者特色，可标出明星款、潮爆款、品牌款等。

3. 商品细节实拍
细节实拍非常重要，在看不见、摸不着的平面图片里，要告诉消费者商品特点、材质、做工、正面、侧面、内部等细节。好的细节图能让消费者直观感受商品，提高转化率。

4. 活动详情或好评
成功的活动不仅能带来经济效益，还能赢得好的口碑。商家要抓住活动的余温，突出店铺活动带来的销售量有多少，或者哪款产品好评多，做出相关截图。买家往往在查看评价的过程中提高对商品的认同感。

5. 温馨提示
若商品可能存在货损问题，比如易碎品可能碎裂或液体可能发生渗漏等，需要提前在图片或文字中提醒消费者，以免消费者收到货物后给予店铺不好的评价。

任务实现

任务实现步骤：

1. 新建文件
在菜单栏中选择"文件"→"新建"，创建一个新文件，设置宽度为920像素，高度为9700像素，分辨率为72像素/英寸，颜色模式为RGB颜色，背景内容为白色，如图9-63所示。

2. 制作长尾词
在工具栏选中"横排文字工具"，在工具设置栏修改字体为"微软雅黑"，字号"24点"，颜色为"黑色"（R:0，G:0，B:0），将"Swarovski施华洛世奇进口钻女式老银铺爱情魔方吊坠S925银项链"输入顶部的空白位置，如图9-64所示。

图 9-63　新建文件

图 9-64　制作长尾词

3. 绘制优惠券

在工具栏选中"矩形工具■",在工具设置栏调整参数:描边"无",填充"灰色"(R:237,G:237,B:237),在画布上绘制一个矩形。在工具栏选中"横排文字工具T",在工具设置栏修改字体为"华文细黑",并分别输入以下文字。

"3 10 30 50":字号"120 点",颜色设置为"棕褐色"(R:111,G:31,B:0)。

"5/10～5/20":字号"23 点",颜色设置为"巧克力色"(R:65,G:9,B:9)。

"点击领取""无门槛""RMB"等其他文本:字号"20 点",颜色设置为"巧克力色"(R:65,G:9,B:9)。

在工具栏中选中"直线工具✎",在工具设置栏中修改参数:描边"无",填充"黑色"(R:0,G:0,B:0),在画布上分别绘制出 3 条短竖线。然后在"图层"面板中找到"10 30 50"的图层,右击选择"栅格化文字",找到"橡皮擦工具✎"将 10、30、50 图层的"0"擦出一个小缺口,将输入后的文字进行排版,效果如图 9-65 所示。

4. 绘制视频

在工具栏选中"矩形工具■",在工具设置栏中修改其参数:"描边"无,"填充"黑色(R:0,G:0,B:0),在画布上绘制一个矩形,将表 9-5 素材图(图 3)导入文档,将其调整至合适的大小。选择"自定形状工具✎"—"形状",找到"播放键"图案,在工具设置栏中修改其参数:描边"无",填充"白色"(R:255,G:255,B:255),在"图层"面板中将该形状图层的不透明度修改为 65%,效果如图 9-66 所示。

图 9-65　优惠券制作效果

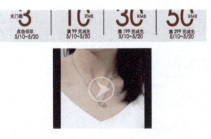

图 9-66　视频制作效果

5. 制作宣传图

在工具栏选中"矩形工具■",将颜色调整至灰色(R:247,G:247,B:247)绘制一个背景。导入表 9-5 中素材图(图 1),在工具栏选中"魔棒工具✎"即可抠出项链。然后选中"横排文字工具T",分别输入以下文字。

"魔方项链":字体"幼圆",字号"45 点",颜色"黑色"(R:0,G:0,B:0)。

"用幻化的魔方 转动你我的心""LOVE CUBE NECKLACE":字体"幼圆",字号"36点",颜色"黑色"(R:0,G:0,B:0),如图9-67所示。

6. 制作产品简介

在工具栏选中"直线工具",在工具设置栏调整参数:描边"无",填充"渐变",颜色"灰色"(R:182,G:182,B:182)和"白色"(R:248,G:248,B:248),绘制两条渐变直线。使用"横排文字工具"输入文字"产品简介",修改参数:字体"微软雅黑",字号"36点",颜色"灰色"(R:146,G:146,B:146)。

再选择"横排文字工具",将参数调整为:字体"微软雅黑",字号"20点",颜色"灰色"(R:146,G:146,B:146),然后将表9-4提供的产品信息输入文本框。再将表9-5中素材图片(图10)导入文档,调整至合适位置即可,效果如图9-68所示。

图9-67 宣传图制作效果

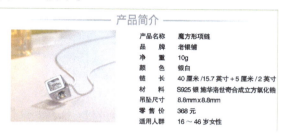

图9-68 产品简介制作效果

7. 制作产品展示

将表9-5素材图(图7、图8)导入文档,在工具栏选中"椭圆选框工具",框选中心部分后形成选区,在"图层"面板上单击右下角的"添加蒙版"即可得到圆形产品图。在工具栏选中"横排文字工具",分别输入以下文字。

"采用S925足银""品质水晶":字体"微软雅黑",字号"40点",颜色"黑色"(R:0,G:0,B:0)。

"精选S925足银材质作为生产原料,品质保证""镶嵌施华洛世奇 合成立方氧化锆""璀璨闪耀":字体"微软雅黑",字号"23点",颜色"黑色"(R:0,G:0,B:0)。

然后在工具栏选中"矩形工具",在工具设置栏调整参数:填充"无",描边"灰色"(R:196,G:192,B:194),绘制一个矩形,在"图层"面板中选中该图层,右击选中"栅格化图层",再使用工具栏中的"橡皮擦工具"将不需要的部分擦除。最后选择工具栏中的"自定形状工具",在"形状"里找到"®"符号,绘制后将其放到合适的位置,效果如图9-69所示。

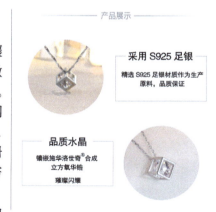

图9-69 产品展示制作效果

8. 制作细节展示

导入表9-5中素材图片(图12、图11、图9、图13),在工具栏选中"矩形选框工具",框选图12项链中心部分,形成选区后进行复制粘贴。在工具栏选中"横排文字工具",分别输入以下文字。

"好品质 才是王道":字体"微软雅黑",字号"28点",颜色"黑色"(R:30,G:29,B:29)。

"01 02 03":字体"微软雅黑",字号"65点",颜色"红色"(R:185,G:9,B:22)。

"奥地利进口施华洛世奇水晶钻"等广告词：字体"微软雅黑"，字号"30点"，颜色"红色"（R:185，G:9，B:22），输入完成后对文字和图片进行简单的排版即可，效果如图9-70所示。

9. 制作模特展示

将表9-5中素材图片（图15）插入即可。

10. 制作送礼必备

将表9-5中素材图片（图5）插入，选中工具栏的"横排文字工具"输入文字"精品包装，送礼必备"，在工具设置栏调整参数：字体"微软雅黑"，字号"48点"，颜色"红色"（R:185，G:9，B:22），如图9-71所示。

11. 制作配送＆售后

在工具栏选中"矩形工具"，修改参数为：描边"无"，填充"红色"（R:145，G:15，B:15），绘制一个矩形背景，再使用"横排文字工具"分别输入以下文字。

"配送＆售后"：字体"微软雅黑"，字号"30点"，颜色"白色"（R:255，G:255，B:255）。

"官""正""退"：字体"微软雅黑"，字号"40点"，颜色"巧克力色"（R:65，G:9，B:9）。

"官方直采""假一赔十""顺丰包邮""30天售后无忧"：字体"微软雅黑"，字号"30点"，颜色"巧克力色"（R:65，G:9，B:9）。

选中"直线工具"，在工具设置栏修改参数：描边"无"，填充"巧克力色"（R:65，G:9，B:9），粗细"3像素"，画3条竖线。在工具栏选中"圆角矩形工具"，在工具属性栏调整参数：圆角半径"10像素"，颜色"巧克力色"（R:65，G:9，B:9），绘制一个圆角正方形，作为"官"字边框；选中"自定形状工具"，绘制"正"字边框图案；再将参数调整至6边形，然后使用"自定形状工具"选中窄边圆形边框图案绘制"退"字边框；最后使用"直线工具"绘制出时针以及闪电的符号，如图9-72所示。

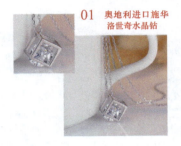

01 奥地利进口施华洛世奇水晶钻

02 精湛的抛光技术

03 全场实物拍摄，不做过多美化

图9-71 送礼必备制作效果　　图9-72 配送与售后制作效果　　图9-70 细节展示制作效果

12. 制作广告框

在工具栏中选中"矩形工具▭",设置参数:描边"无",填充"紫色"(R:172,G:172,B:200),绘制出一个矩形的背景,再使用"横排文字工具T"输入"简约美好设计 专为年轻女性量身打造",修改参数为:字体"幼圆",字号"48点",颜色"灰色"(R:159,G:159,B:159),如图9-73所示。

13. 制作商品评价

将表9-5中素材图片(图16)插入即可。

14. 制作店铺公告

在工具栏选中"矩形工具▭",调整参数:描边"无",填充"黄色"(R:223,G:225,B:210),绘制出背景;再调整参数:描边"棕色"(R:98,G:69,B:18),填充"无"。选中"自定形状工具♣"绘制购物车、钟表、汽车的图案。选中"横排文字工具T",输入"店铺公告 SHOP NOTICE",将参数调整为:字体"微软雅黑",字号"50点","店铺公告"颜色"灰色"(R:159,G:159,B:159),"SHOP NOTICE"颜色"棕色"(R:98,G:69,B:18);输入"本店支持支付宝、微信、蚂蚁花呗等支付方式"等文字,将参数调整为:字体"微软雅黑",字号"20点",颜色"灰色"(R:73,G:73,B:73),如图9-74所示。

图9-73 广告框制作效果　　　　图9-74 店铺公告制作效果

15. 商品详情页绘制完成,效果如图9-61所示

技能训练

根据所给的素材(产品介绍如表9-6所示,素材图片如表9-7所示),设计商品详情页。

表9-6 产品介绍

产品名称	手串	材质	木质
品牌	木缘	图案	无
风格	原创设计	成色	全新
价格区间	200~400元	镶嵌材质	未镶嵌
上市时间	2022年夏季	是否商场同款	是

表 9-7　素材图片

序号	素材图片	序号	素材图片	序号	素材图片	序号	素材图片
1		3		5		7	
2		4		6			
8	t**6 8 天前 6mm 6mm 女士，7mm 标准男 非常好，油润度很高，也有分量。 浏览 0 次　　　　　　　　　　　　　　　△有用（0） t**0 20 天前 6mm 6mm 女士，7mm 标准男 油性非常好，没事可以盘盘，因为我主要是戴的，所以选了 6 的 浏览 1 次　　　　　　　　　　　　　　　△有用（0） t**0 5 天前 满金星 8mm 108 颗 手串打磨光滑，精细，戴上好看 浏览 0 次　　　　　　　　　　　　　　　△有用（0） t**6 4 天前 8mm 108 颗满金星款 手串质量很好，颜色正，尺寸合适 浏览 0 次　　　　　　　　　　　　　　　△有用（0） t**3 5 天前 满金星 6mm 108 颗 这个宝贝真的非常喜欢，爱不释手。 浏览 0 次　　　　　　　　　　　　　　　△有用（0） 白**3 4 天前 满金星 8mm 108 颗 货已收到了，质量不错，跟图片一样，物流也很快 浏览 0 次　　　　　　　　　　　　　　　△有用（0）							

参 考 文 献

[1] 陈俊鹏,丁文剑. 电商视觉营销与图像设计[M]. 北京:电子工业出版社,2022.
[2] 张翔,徐赛华. 视觉营销[M]. 北京:电子工业出版社,2019.
[3] 麓山文化. 零基础学Photoshop淘宝美工设计(全视频教学版)[M]. 北京:人民邮电出版社,2019.
[4] 童海君,蔡颖. 电子商务视觉设计(视频指导版)[M]. 北京:人民邮电出版社,2018.
[5] 方玲,毛利. 电商视觉营销全能一本通(全彩微课版)[M]. 北京:人民邮电出版社,2021.
[6] 侯德林,冯灿钧. 视觉营销从入门到精通(微课版)[M]. 北京:人民邮电出版社,2018.